스마트 교육 혁명

2015

2015, 새로운 학교가 온다!

스마트
교육혁명

천세영 · 김진숙 · 계보경 · 정순원 · 정광훈 지음

21세기북스

Contents

스마트 교육 프로젝트를 시작하며

나는 1960년대에는 초등학교를, 1970년대에는 대학교를 다녔다. 지금 생각해 보면 콩나물이 빽빽이 들어 찬 시루를 방불케 하는 교실이었지만, 어린 내 눈에 비친 학교는 늘 가고 싶은 곳이었다. 학교에서 비슷한 또래의 친구들과 어울리며 공부할 수 있었고 선생님은 누구보다 친절하셨다.

그 시절, 나를 포함한 내 또래 학생들은 어릴 때부터 근대화를 통해 가난을 벗어나야 한다고 귀에 못이 박히도록 들었다. 가난을 벗어나기 위해서는 열심히 공부하는 것만이 유일한 방법이라 배웠으며, 현실 또한 그러했다. 그래서 근대화를 이루면 잘살게 된다는 믿음 하나로 밤을 새 가며 공부했고, 땀 흘려 일했다. 그 결과 운이 따라서인지 공부를 열심히 한 덕분이었는지 지금 우리나라는 근대화를 넘어 현대화, 민주화를 이룩해서 허벅지를 꼬집어보고 싶을 만큼 잘살게 되었다.

2011년 6월 29일, 우리나라는 세계를 향해 교육의 새로운 방향을 선포했다. 2015년까지 모든 학생들의 손에 디지털 교과서를 들려 줄 것을 약속한 것이다. 이것은 곧 아이들이 좋아하는 방식대로 학습할 수 있게 되었다는 것을 의미했다. 이 소식에 사람들 모두가 깜짝 놀랐고, 세상은 들썩거렸다. 무슨 일이 일어나고 있는 것인지 세상 모두가 궁금해했다.

하지만 우리는 '스마트 교육'이라고 하는 생전 처음 들어 본 용어에 걱정이 앞섰다. 한 글자 한 글자 그 의미를 새기는 작업부터 시작해야 했지만, 아무리 힘들다한들 지난날 아무런 희망도 보이지 않던 시절에 비할 바는 아니라고 생각하며 마음을 가다듬었다. 스마트 교육이라는 것이 이 세상 누구도 가보지 못한 새로운 나라로 갈 수 있는 길을 열어줄 것이라 기대하면서……

그러던 어느 날, 나는 우리가 여태 걸어 온 길을 찬찬히 돌아보았다. 처음에는 가난하고 힘없는 나라를 물려준 선조들을 탓하기도 했지만, 부모님과 선생님의 가르침과 꾸지람이 오늘을 선사했음을 차츰 알게 되었다. 그리고 지금 내가 느끼는 불안함은 오히려, 우리가 자녀들에게 떳떳한지 되짚어 보게 했다.

요즘 아이들은 어떻게 지내고 있을까? 아이들은 뛰어 놀기는커녕 마음껏 꿈을 펼쳐 보지도 못한 채 하루 24시간, 일주일 내내 공부에만 얽매여 있다. 그래서 지치다 못해 스스로 꽃다운 목숨을 내던지는 아이들도 있다. 우리가 아이들에게 너무 큰 짐을 지우고 있는 것은 아닐까?

자녀들을 구해내야 한다. 그러려면 어떻게 해야 할까? 여태까지는 남들이 걸어 온 근대화와 현대화를 따라 가기만 했다. 그렇기 때문에 지금이야말로 우리가 직접 길을 만들어 나가야 할 때다. 먼 미래라고 생각하고 막연히 기다리기보다는 어떻게든 길을 만들어내야 한다. 그리고 그 길이 바로 스마트 교육이다.

설사 나에게는 아직 그 길이 보이지 않다고 하더라도 모두가 힘을 합쳐야 한다. 우리가 갈고닦은 그 길이 마침내 완성되었을 때, 어느 누구도 가 보지 못한 곳에 아름다운 세상을 만들 수 있을지 누가 알겠는가?

최근 방송에서 'K팝 스타'라는 오디션 프로그램을 보고 놀라움을 금치 못했다. 어쩜 저렇게 노래를 잘할까? 학교에서 가르쳐 준 것도 아닌데 어디서 배운 걸까? 더 놀라운 것은 심사단이었다. 정확하면서도 날카롭고 객관적인 평가와 지도, 1등을 주고 꼴등을 주어도 서열 매기기라며 비난하는 사람 하나 없이, 결과를 묵묵히 인정하게 하는 그 카리스마는 좌중을 압도하기에 충분했다. 그 누구도 쉽게 할 수 없는 일을 서슴없이 해내는 저 사람들의 힘은 대체 어디에 있는 것일까? 이 물음 속에서 나는 하고자 하는 열정과 그것을 북돋아 주는 관계, 그 속에서 교사와 학생의 모습을 재발견하게 되었다.

이제 모든 것을 뒤집어 볼 때가 왔다. 일단 학교에서 배우는 교과서부터 뒤집어야 한다. 스마트한 세상이 열린다며 각종 언론 매체가 주목하는데, 이에 발맞춰 학교도 스마트해져야 하는 것 아닐까? 스마트폰이 곧 모두의 손에 쥐어진다는데 아이들의 눈높이에 맞는 보다 스마트한 교과서는 만들 수 없는 것일까? 아이들이 다양한 꿈을 이룰 수 있게 보다 스마트하게 학습하는 방법은?

한 가지는 분명해 보인다. 세계 어느 나라를 가도 우리나라만큼 스마트한 기술을 사용하는 곳은 없다. 다른 나라에서의 인터넷 속도는 한없이 느리고, 스마트폰을 쓰는 아이도 흔치 않다. 이에 비추어 볼 때, 우리가 그들보다 월등히 앞서 있는 것은 사실이다. 그렇지만 이것이 꼭 좋은 것만도 아니다. 우리는 10년이 넘는 시간 동안, 적어도 스마트한 기술을 사용하는 데 있어서만큼은 늘 선두에 있었다. 아무도 걷지 않았던 길을 처음으로 걸었기에 많은 우려가 있었지만 결국에는 남들도 우리를 따라오기 시작했다. 따라서 지금부터 본격적으로 스마트 기술이 가져 올, 그리고 이미 가져 왔을지도 모를 삶의 변화들에 대해 철저히 따져 봐야 한다. 그리고 그 중심에는 교육이 자리 잡고 있다. 그렇기 때문에 스마트 교육을 만들어내는 데 치중하기보다는 어떤 것인지 만져 보고 살펴보는 것이 우선시 되어야 한다.

이에 대한 하나의 시도로 이 책을 집필했다. 스마트 교육이 어디에서 시작되고 있고, 어디에서 만들어지고 있으며, 누가 사용하고 있고, 누가 좋아하고 있는지 등 그 흔적을 따라가 보기로 했다.

우선 세상이 변한다고들 하는데 도대체 무엇이 어떻게 변하고 있는지 알아보고자 했다. 인터넷 시대에 태어난 아이들은 어떻게 살아가고 있는지, 인터넷이 개통되기 이전 세상에서 아이들이 겪었던 불편은 무엇인지 살펴보았다. 동시에 앞으로는 국·영·수 과목에 열중하는 것보다 음악과 미술을 주요 교과로 선택하는 아이들이 많아질 것이며, 무조건 학벌만을 좇아 대학교를 가려는 풍조도 사라질 것임을 알게 되었다.

새로운 시대가 원하는 인재는 좀 더 감성적이고, 뛰어난 공감 능력을 갖추고 있는 사람일지도 모른다. 혹은 공부 잘하는 학생보다는 잘 노는 학생을 선호할지도 모른다. 2015년 디지털 교과서가 아이들의 손에 들려질 때, 우리는 새로운 학교를 만날 것이다.

따라서 제 1부의 주제는 '교육을 혁명하라, 학교를 바꿔라!'로 설정되었다. 무엇보다 중요한 것은 우리 자녀들이 어떤 모습으로 자랄 것인가에 대한 관심이다. 글로벌 시대, 창의성이 중요시되는 시대를 살아가야 할 아이들이 어떻게 성장해야 할지에 대한 고민은 우리나라만 하는 것이 아니다. 이미 다른 나라들도 다양한 실험을 하며 노력하고 있기 때문에 누가 먼저 그 해답을 찾게 될지는 아무도 모른다. 다만 1996년 에듀넷EDUNET, 2004년 나이스NEIS로 세계를 선도한 한국의 교육 정보화 역사와 경험이 없었더라면 2011년 6월 29일 스마트 교육 선언은 쉽게 탄생하지 못했을 것이다.

제 2부의 주제는 '21세기 인재를 기르는 스마트 교육'이다. 스마트 교육은 학교에서 자라날 아이들의 행복하고 즐거운 교실을 꿈꾼다.

이러한 교육 환경과 함께한다면 우리 아이들의 꿈이 하나둘씩 모여 새로운 세상을 열어 갈 수 있을 것이라 믿어 의심치 않는다.

제3부에서는 우리나라 곳곳의 학교에서 여러 교사들이 체험하고 있는 스마트 교육의 현장들을 찾아가 볼 것이다. 멀리 떨어진 낙도의 아이들이 만나게 될, 남극 세종 과학 기지의 과학자, 아프리카의 아이들과 함께 나누는 세렝게티 초원의 사자 이야기가 스마트 교실에서 흥미롭게 펼쳐질 것이다.

이미 스마트 교육 세상 속으로 저만치 앞서 나간 아이들과 교사들이 있기도 하지만 아직은 스마트 세상을 접해 보지 못해 어리둥절한 사람들이 훨씬 많다. 그리고 무엇보다 이 환경에 대해 가장 걱정하고 있는 부모님들이 있다. 그러나 열린 마음으로 소통하면서 서로 돕다 보면 모두가 행복해질 수 있는 새로운 세상이 열릴 것이다.

수많은 사람들은 우리가 꿈꾸는 스마트 세상을 먼저 즐기고 있는 사람들이 없는지 궁금해한다. 그들을 보면서 장점은 빠르게 수용하고, 단점은 예방하고 고쳐 나가면서 실패를 최소한으로 줄이고 싶은 마음 때문일 것이다. 그러나 안타깝게도 대한민국의 어린이들과 교사들, 그리고 부모님들이 그 길의 맨 앞에 서 있다. 이제는 우리가 앞장서서 길을 헤쳐 나가야 하는 것이다. 그래서 나는 그 길을 만드는 작업의 하나로 이 책을 집필했다.

2011년 6월 29일, 스마트 교육 전략 수립에 참여했던 KERIS의 스마트교육연구본부 연구진들이 모여 흥미진진한 모험을 해보기로 했다. 김진숙, 계보경, 정광훈, 정순원과 그 외 여러 친구들이 이야기를 나누었다. 그리고 고맙게도 21세기북스에서 출판을 맡아 주기로 했고 김성수 실장, 심지혜 팀장, 윤지영 편집자가 함께했다. 무엇보다 스마트 교육이 나오기 전부터 스마트한 교육을 실천하고 계셨던 황정회, 김현정, 조기성 선생님의 사례가 책을 더욱 빛나게 했다.

우리는 이 책이 스마트 교육 세상을 여는 작은 길잡이가 되었으면 하는 바람과 함께 교사와 학부모, 학생과 연구자, 스마트 기술 개발자들과 교과서를 만드는 사람들 모두가 이 길을 열어 가는 데 함께하기를 바란다. 멋진 미래를 살아갈 우리 아이들을 생각하면서……

스마트 교육의 길을 여는 사람들을 대표하여

스마트교육자문위원회 위원장

천세영 교수

1부

2015년, 교육을 혁명하라!

교실 이데아

2020년 4월 어느 날, 5학년인 민준이는 학교에 갔다. 오전에는 수학 수업이 있어서 교정의 한가운데에 있는 광장으로 발걸음을 옮겼다. 아이들은 풀밭에 있는 평평하게 깎인 둥근 의자 모양의 돌 위에 한 명씩 앉았다. 나무에 기대어 앉은 아이도 있었고, 책상이 편하다면서 한쪽 구석에 책상을 놓고 앉은 아이도 있었다.

학생들은 각자 갖고 있는 태블릿을 켰다. 디지털 교과서에 접속하니 오늘 배울 과제 내용, 관련 이미지, 동영상들이 링크되어 있었다. 민준이는 e-포트폴리오 메뉴에 들어가 그동안 자신이 했던 과제와 분야별 평가를 다시 살펴보았다. 아무래도 방정식과 관련된 부분이 부족해서 다음 진도로 넘어가기가 어려울 것 같았다. '게임으로 푸는 방정식'이라는 애플리케이션이 있다고 들었는데, 수업이 끝나면 선생님께 이 부분과 관련된 자료를 요청해야겠다고 생각했다.

5분 정도 수업에 대한 가이드가 끝나고 각자 자신이 좋아하는 교육 콘텐츠에 접속해서 수업을 시작했다. 간간이 학생들이 질문을 전송하는 알림 소리가 들렸다. 민준이 역시 모르는 부분을 질문하고 답변을 받았다. 수업 도중 선생님은 가장 좋은 질문을 골라 전체적인 답변을 해 주기도 했다. 선생님은 교사 컴퓨터로 모니터링을 하시다가 수업과 전혀 관계없는 웹 서핑을 하고 있는 친구에게 다가가 주의를 줬다.

어떤 아이들은 수학 공식을 광장 한쪽에 있는 유리벽에 낙서하듯 적고, 화살표 버튼을 눌러 선생님에게 전송해서 맞게 작성됐는지 물어보기도 했다. 수업이 끝나기 15분 전부터는 그날의 과제에 대한 간단한 퀴즈를 풀었다. 그리고 각자 그날 수업에서 배운 내용을 e-포트폴리오에 스스로 평가하며 정리했다. 선생님은 그에 대한 피드백을 학생 개개인의 디지털 교과서로 전송해 주었고, 전반적으로 학생들이 궁금해하거나 헷갈릴 수 있는 부분에 대해서는 전체 강의로 다시 한 번 짚어 주었다.

점심을 먹은 뒤 오후에는 과학 수업이 두 시간 있었다. 지난 해 우리나라의 한 우주 과학자가 화성에 가서 물을 발견하고부터, 화성이 제2의 지구가 될 날도 멀지 않았다는 언론의 열띤 보도가 계속되었다. 이를 본 민준이는 5학년이 되면서 과학자의 꿈을 갖게 되었다. 그래서 선생님과 상의하여 과학 수업을 두 배 정도로 더 신청했다. 과학을 특별 선택 교과로 신청하면서 우주 과학자와 직접 대화할 수 있는 기회도 생겼다. 5월에 있는 그 원격 화상 강의는 비록 한 학기에 한 시간뿐이지만, 뭔가 알아야 질문도 할 수 있겠다는 생각에 더욱 열심히 공부하는 중이다.

또한 이번 학기에는 시간을 쪼개서 좀 더 공부할 요량으로 평소에 관심 있었던 음악 수업도 남들보다 여덟 시간 더 신청했다. 물론, 이러한 추가 선택 교과는 평가는 받지만 과제를 다 완수하지 못하더라도 문제될 것은 없기 때문에 부담 없이 들을 수 있다.

한편 민준이는 감기 기운이 있어서 조금 일찍 들어가기로 했다. 어제 선생님의 만류에도 불구하고, 빗속에 친구들과 민속촌으로 체험 활동 수업을 갔다 온 것이 조금 무리였던 모양이다. 미처 듣지 못한 과학 과목 수업은 온라인 수업으로 대체하기로 하고 선생님께 말씀 드린 후 집으로 돌아왔다. 집에서 약을 먹고 한숨 자고 일어난 민준이는 태블릿에서 해당 교과 과정에 대한 동영상 강의를 찾았다. 수십 개의 강의 영상이 있었지만, 평소 재미있는 말투와 편안한 강의 방식 때문에 좋아하던 하늘초등학교 김진희 선생님의 강의를 선택해서 들었다. 강의가 끝나고 나니 수강 완료 버튼이 나와서 확인을 눌렀다.

그리고 학급 SNSSocial Network Service에 들어가니 친구 수정이가 과학 시간에 발표했던 내용이 올라와 있어 다운로드해서 읽어 보고 댓글을 달았다. 그러던 중 쪽지가 도착한 것을 보고 클릭하니, 선생님이 한 시간 전에 보내신 쪽지였다.

"민준아. 밥 잘 챙겨 먹고, 오늘 못 들었던 수업은 다음에 천천히 들어도 되니까 푹 쉬어."

이미 온라인으로 수업을 들었다며 웃는 모양의 이모티콘과 함께 걱정해 주셔서 감사하다는 내용의 쪽지를 선생님께 보냈다. 그리고 학급 친구들이 있는 자유 대화방에 들어가니 친구 대여섯 명이 이야기를 나누고 있어서 같이 수다를 떨다가 나왔다.

저녁을 먹고 좋아하는 음악 수업을 온라인으로 듣다 보니 어느새 스르르 잠이 밀려왔다. 한 시간 강의를 들은 것으로 수강 완료를 신청하고 잠자리에 들었다.

지금 우리 교육은 스마트한가

그리 오래전 일도 아니다. 30년 전까지만 해도 70명 가까이 되는 아이들은 시루에 빼곡히 들어찬 콩나물처럼 좁은 교실에 붙어 앉아 수업을 받았다. 그것마저 상황이 여의치 않아서 2부제 수업을 하기도 했다. 워낙 학생 수가 많다 보니 선생님이 반 아이들의 이름조차 제대로 외우지 못하는 경우도 있었다. 당시의 교육은 아이들이 무엇을 잘하고 무엇을 원하는지보다는 정해진 시간에 정해진 만큼의 수업을 하는 것이 전부였다.

하지만 짧은 시간에 교육 사정은 급속도로 좋아졌다. 이제 교사들은 예전에 비해 절반도 안 되는 학생만을 맡고 있으며, 초등학교의 경우에도 교사 한 명이 모든 과목을 책임지지 않는다. 심지어 한 반의 담임교사가 두 명인 경우도 있다. 또한 수업을 보조해 주는 편리하고 유용한 도구들도 개발되었으며, 교육에 있어서 아이들의 선택권도 이전에 비해 많이 늘었다. 심지어 앞서 보여준 민준이의 학교생활 역시 어느 정도는 현재 여러 연구학교에서 실제로 벌어지고 있는 일이다. 물론 앞으로 해결해야 할 부분도 있지만 멀지 않은 미래에 우리 아이가 다닐 학교의 모습이기도 하다.

그런데 이렇게 아이들의 교육 환경이 하루가 다르게 변하고 있는 동안, 학교가 실제로 수행해야 할 교육의 목표가 제대로 이루어지고 있는지에 대해서는 의문이 든다. 전인 교육보다는 엘리트 중심의 교육, 공교육보다 사교육에 열광하는 현실은 바뀌지 않고 있다. 오히려 심각해지고 있다고 해도 과언이 아니다. 물론 이에 대한 반동으로 대안 교육이 주목받고 있기는 하지만, 이 역시 사교육 못지않은 비용이 들거나 정규 교육으로 인정받지 못하는 등의 한계가 있다. 심지어 도를 넘은 학교 폭력이나 왕따 문제, 교권 붕괴와 학생 인권 침해 등 이전에는 심각하게 생각하지 않았거나 없었던 문제들까지 생겨나고 있다. 우리나라 교육이 문제라는 기사만 곳곳에 넘쳐 나는 상황이다.

시대가 변하면 일이나 일상생활을 하는 데 필요한 능력, 세상을 지혜롭게 살아가는 데 필요한 능력도 달라져야 하는 법이다. 그런데 우리 교육은 이렇게 달라진 세상에 얼만큼 적응하고 있는가?

디지털 세대가 원하는 교육

현 시대가 필요로 하는 인간의 역량은 과거와는 분명히 다르다. 단순한 기억력이나 단계를 밟아나가는 수직적인 사고방식보다, 한 가지 현상을 다각도로 검토해 볼 수 있는 비판적 분석 능력이나 창의적으로 생각해내는 수평적인 사고방식이 더욱 대접받는 시대가 되었다. 혼자서 어떤 일이든 유능하게 해결하는 수재보다는 공유된 지식이나 집단 지성을 활용한 협업 능력이나 의사소통 능력을 중시하고 있다.

또한 직접 계산했던 많은 수치와 정보들을 기계가 대신 처리해 줌으로써 기계가 가질 수 없는 감성, 사회성, 공감 능력 등의 순수한 인간미가 더욱 중요한 역량으로 평가받고 있다. 디지털 기기와 정보 통신 기술이 풍요로운 시대에 살면서, 역설적으로 우리 사회는 인간적인 능력으로 그 가치를 평가받는 시대를 맞이하게 된 것이다.

이러한 시대에 태어나 디지털 기기를 자연스럽게 접하면서 자란 우리 아이들은 디지털 세대로서 변화를 본능적으로 인지하고 그런 방향으로 자신을 개발하고 있다. 그런 아이들에게 과거와 같은 학습 방식을 강요하는 것이 옳은 것일까? 틀에 가둬 놓고 정해진 지식을 습득하게 하는 것이 과연 맞는 것일까?

전 세계적으로 광대역 통신망의 인프라가 일찍 구축된 대한민국의 아이들은 이러한 디지털 세대의 특성이 더욱 강하다. 그런데 게임이나 웹 서핑 등에 빠져 공부를 소홀히 한다는 이유로 이들에게서 디지털 기기를 뺏거나 인터넷을 못하게 하는 것은 그들의 또 다른 세상을 빼앗는 것이나 다름없다. 따라서 학부모와 교육자는 과거의 관점으로 새로운 세대들과 맞서려고 해서는 안 된다. 오히려 그들의 디지털화된 삶을 관찰해서 부작용을 최소화하고, 그러한 기기를 더욱 현명하게 활용할 수 있도록 안내하는 가이드 역할을 해야 한다.

디지털 세대는 교과서를 뛰어넘는다

과거에는 지식이 곧 절대적인 진리였다. 하지만 오늘날 지식은 상대주의적인 관점에서 늘 새롭게 해석된다. 환경이나 맥락 등에 따라서 완전히 다른 의미로 해석될 수 있는 것이다. 태양계에서 명왕성이 갑자기 퇴출된 것처럼 지식의 위상은 절대적인 것에서 상대적인 것으로 변하고 있다. 혹자는 지식의 생성에서 소멸에 이르는 순환주기가 짧아졌다고 말하기도 한다.

아이들에게 지식을 전달하는 가장 중요한 도구는 교과서다. 그렇다면 지금 우리나라에서 쓰이고 있는 검·인정 교과서들은 오늘날 이렇게 급속히 변화하고 있는 지식들을 모두 담아낼 수 있을까? 21세기 스마트 시대를 열었다고 할 수 있는 애플의 스티브 잡스Steve Jobs는 디지털 교과서를 위한 툴인 '아이북스'를 출시하면서 다음과 같이 말했다.

학생, 학습 방법, 학습 내용은 변하고 있는데 정작 교과서와 같은 학습 자료는 시대에 뒤떨어져 있다. 더 나은 사람을 만들기 위해서, 더 나은 직업을 찾기 위해서는 교육을 혁명해야 한다. 교육을 혁명하기 위해서는 우선 시대에 뒤떨어진 교과서에서 벗어나야 한다. 모든 것은 변하고 지식도 늘 변화를 거듭하는데, 그런 지식을 한낱 책 몇 권에 담아 고정시켜 놓을 수는 없기 때문이다. 책가방만 무겁게 하는 종이 교과서로 공부하는 것은 과거로 뒷걸음질 치는 것이다.

새로운 시대가 불러오고 있는 변화의 바람을 교육 분야에서도 적극적으로 받아들여야 한다. 텍스트만으로 지식을 전달하고 소통하는 시대는 갔다. 이제는 하나의 이미지만으로도 소통할 수 있다. 또한 그러한 이미지들은 새롭고 창의적인 생각을 불러온다. 전통적인 의미의 판서나 텍스트 기반의 교과서를 통해서만 교육이 이루어져야 한다고 생각한다면 오산이다. 책은 옛날 방식으로 지식을 전달하던 사람들의 불안함을 없애 주는 하나의 도구일 뿐이다.

변화 속에 있을 때는 변화의 흐름을 느끼지 못한다. 하지만 불과 5년 전, 10년 전과 비교하면 우리의 생활은 얼마나 달라졌는가. 이제 우리는 작은 단말기 하나로 전 세계 언제 어디서나 소통할 수 있는 시대에 살고 있다. 지금 당연하다고 생각하는 것들이 앞으로도 그럴 것이라고 믿는 것은 매우 위험한 발상이다.

1등 없는 교육이 시작된다

앞서 이야기한 것처럼 우리 아이들이 앞으로 살아갈 세상은 지금과는 다른 모습일 것이다. 또한 그 세상이 아이들에게 원하는 것 역시 지금 우리가 생각하는 것과는 다를 것이다. 이미 사회 곳곳에서 과거와는 다른 조짐이 보이고 있다.

이제까지의 우리 교육은 전형적인 줄 세우기 식 교육이었다. '시험 성적'이라는 하나의 기준에 따라 줄을 세우고, 등급을 나눴다. 중학교에서 고등학교를 진학할 때 상위 몇 %는 영재고나 과학고, 외국어고와 같은 특수 목적 고등학교, 그 아래는 인문계 고등학교, 더 아래는 실업계 고등학교로 나눴다. 또 고등학교에서 대학교를 진학할 때도 자신의 능력이나 적성과는 상관없이 등수에 맞춰 학교와 전공을 정하는 것이 흔한 일이었다. 학부모들도 자녀에게 맞는 진로가 아닌 등수에 맞는 진로를 지도했다.

그러다 보니 모든 아이들의 목표는 등수 올리기 혹은 점수 올리기였고, 학교에서도 역시 아이들이 원하는 공부가 아닌 더 좋은 학교나 더 좋은 전공을 위한 것들에 치중했다. 물론 엘리트 배출을 목표로 하는 이러한 교육이 우리나라 사람들의 평균 지적 수준을 끌어올리기는 했지만, 서열의 뒷자리에 처진 아이들은 패배자로 낙인찍히기 일쑤였다. 사회에 발을 디디기도 전에 스스로를 탈락자라 여기게 만든 것이다.

이 같은 엘리트 배출을 목표로 한 교육의 역사를 지닌 것은 비단 우리나라뿐만이 아닐 것이다. 근대 보편 공교육이 시작되면서 이런 교육 방식에 대한 문제가 제기되었고, 의무 교육 제도는 교육의 소외 계층을 없애는 데 크게 기여했다. 그럼에도 현실에서는 여전히 줄 세우기 식 엘리트 교육이 행해졌다. 상위 1%에 들기 위한 경쟁은 교실에서도, 사회에 첫발을 내디딜 때도 계속됐다. 겉으로는 보편적이고 평등한 교육으로 보이지만, 결국에는 행복할 수 없는 패자를 만드는 교육이라는 비난이 끊이지 않고 있다. 이렇게 1%만을 위한 불합리한 교육이 언제까지 지속될까?

지금, 정보 통신 기술의 발전과 함께 새로운 희망이 싹트고 있다. 컴퓨터와 같은 디지털 기기가 인간의 역량과 두뇌의 역할을 대신해 주면서 사람이 해야 할 일이 변화하고 있다. 창의성이 중요해지면서 예술, 문화, 감성과 관련된 분야의 직업이 기하급수적으로 늘어나고 있고, 직업은 점점 세분화되고 있으며, 개개인이 모두 한 분야의 전문가가 되어 활동하는 시대가 왔다. 학교에서 배우는 공부를 하지 못해도 모두가 엘리트가 될 수 있는 시대가 열린 것이다.

국·영·수가 중요하던 시대는 갔다

우리나라 교육도 이러한 변화의 한가운데에 있다. 많은 대학들이 수시 전형으로 학생들을 더 많이 뽑기 시작했고, 입학 사정관제, 마이스터고등학교 등 성적만으로 학생을 평가하지 않는 다양한 제도들이 마련되었다. 학생 수가 줄어들면서 정원을 채우기 힘든 대학들은 성적이 아닌 새로운 기준으로 학생들을 뽑고, 학생 유치를 위해 사회에서 필요로 하는 특화된 전공을 만들어 다양한 혜택을 제공하고 있다.

또한 정규 교육을 받지 않았거나 명문 대학을 나오지 않았어도 성공하는 사람들이 늘면서 성공을 위한 필수 조건이 바뀌고 있으며, 사회적으로 인정받고 호감을 얻는 직업의 종류도 과거와는 다른 양상을 보인다.

입학 기준의 변화, 사회 인식의 변화는 더 이상 명문대에 가지 않아도 성공할 수 있는 시대를 만들어 가고 있다. 이제 학교는 국·영·수를 잘하는 수재 양성소가 아닌, 기본적인 학습 목표만 달성하면 각자 원하는 분야에 자신만의 독특한 생존 기술을 가질 수 있도록 지원하는 곳으로 바뀌고 있다.

많은 학부모나 교사를 비롯한 기성세대들은 이러한 변화를 두려워한다. 물론 아이들이 책을 좀 덜 읽더라도 디지털 기기를 통해 더 많은 정보를 흡수할 수도 있고, 학교 공부가 아닌 다른 방법을 통해 자신의 꿈을 이뤄 갈 수 있다는 사실을 인정하기가 쉽지만은 않을 것이다. 그렇지만 디지털 세대에게 적합한 교육을 하기 위해서 학부모와 교사는 과거와는 다른 생각을 받아들여야만 한다. 놀이와 학습,

학교 교육과 사회 교육의 경계가 허물어지고 있다. 요즘 아이들은 정보 통신 기술과 온라인을 활용하여 많은 지식과 정보를 습득하고 있기 때문에, 더 이상 예전처럼 교사나 학부모에 의존하려 하지 않는다. 또한 학교가 아닌 곳에서 더 많은 지식을 습득하고 기존의 수업 방식에서 벗어난 형태로 학습하고자 한다. 학부모와 교사 입장에서 그런 점들을 어느 정도 수용하려고 하지 않으면 아이들과 갈등을 일으킬 수밖에 없다.

또한 요즘 아이들은 과거와 달리 자신의 생각과 알고 있는 지식을 적극적으로 표현한다. 아이들은 1인 미디어를 통해서 좋은 것이든 나쁜 것이든 가리지 않고 무엇이든 소통하고 알리려 한다. 이렇게 공개적으로 알리고 공유하는 데 익숙하기 때문에, 예전처럼 권위로 모든 것을 해결하려는 것에 본능적으로 거부감을 가지는 것이다.

이런 점들을 이해하지 못하면 학부모를 비롯한 어른들 역시 아이들을 대하기 불편할 것이다. 따라서 학부모는 아이들과 공감하려고 노력하며 대화로 풀어 나가려는 자세를 가져야 하고, 교육 역시 이에 발맞춰야 한다. 그렇지 않으면 아이들은 학교나 학부모를 점점 더 외면할 것이다.

지금까지의 역사적 흐름으로 보건대 분명한 것은 아이들이 항상 어른들을 앞서 나갔다는 것이다. 지금의 변화를 두려워하고 걱정하기보다는, 아이들이 어떤 것에 관심을 두고 자신의 꿈을 찾아 가는지를 지켜보고 지원하는 것이 더 중요하다는 점을 잊지 말아야 한다.

우리 교육, 이것이 문제다

교육의 본질적인 문제로 돌아가서 생각해 보자. 학습에 있어 교육 과정을 무엇으로 정의해야 할까? 단순히 아이들이 발달 단계에 따라 꼭 배워야 하는 것들을 뜻하는 것일까? 진정한 의미의 교육 과정은 선생님이 가르쳐 주고 싶어 하는 것과 아이들이 배우고 싶어 하는 내용이 부합되어야 한다. 그래야 올바른 교육적 경험을 할 수 있다. 선생님과 학생이 만나 공부하고 싶은 것을 마음껏 공부하는 것이 올바른 교육이고, 교육 관계자들을 비롯한 우리 어른들은 그런 환경을 조성해 주기 위해서 노력해야 한다.

그런데 이러한 교육의 본질적인 관점에서 바라보면, 현재 우리나라 교육은 전반적으로 미흡한 부분이 너무도 많다. 새로운 시대에 걸맞은 새로운 교육이 필요하다는 것은 분명한 사실인데, 우리나라 교육은 아직도 이러한 변화에 발맞추지 못한 채 비틀거리고 있다.

우리 교육은 재미가 없다?

우리 교육의 가장 큰 문제는 아이들의 흥미를 끌어내지 못하고 있다는 것이다. 비발디의 「사계」를 들려주면 어떤 아이는 아무런 관심도 없고, 또 다른 아이들은 다 안다고 시시해한다. 학교 음악 시간에는 그저 노래를 들려주고 교과서에 실린 내용을 기계적으로 암기하여 시험을 치르는 것이 전부다. 그러면 아이는 시험 점수를 잘 받기 위해서 문제 풀이에 단련된 학원 강사의 수업을 듣고 시험을 치르는 것으로 공부를 마친다. 그리고 시험 점수가 좋으면 교사도 학생도 그 과정을 다 배웠다고 판단한다.

아이가 배워야 할 부분에 대한 준비도를 파악해서 흥미를 유발하고, 제대로 배울 수 있도록 도와주는 것이 올바른 교육이다. 아이가 비발디의 「사계」 이외에 드보르작의 「신세계 교향곡」을 배우고 싶어 하는데, 교과서에 나오지 않는다는 이유로 가르쳐 주지 않는다면 더 이상 살아 있는 공부가 될 수 없는 것이다.

교과서에 보다 충분한 교육 콘텐츠가 제공되면 굳이 교실이나 교사의 수가 많지 않아도, 학습이 가능할 것이다. 그런 기술이 지원되는 시대가 이미 눈앞에 펼쳐지고 있다. 교사 입장에서도 충분한 교육 콘텐츠가 편리하게 제공되면 훨씬 강의하기가 쉬울 것이다. 지식을 전달하기 위해서 머리를 싸매고 새로운 지식을 머릿속에 집어넣지 않아도 되고 오히려 시간적으로 여유로워질 수 있다. 그렇게 되면 아이들을 보다 높은 차원에서 관리하고 애정을 쏟을 수 있을 것이다.

우리 교육은 예나 지금이나 똑같다?

많은 교실에서는 마치 유럽의 암흑기였던 중세 시대 때 같은 날 같은 성경 구절을 읽었던 것처럼 획일화된 수업이 진행되고 있다. 21세기가 도래하고 첨단 기술이 인간의 삶을 급속도로 변화시키고 있는 지금 이 순간에도, 학교의 모습은 예나 지금이나 별반 차이가 없다. 여전히 3월에 개학을 하면 전국에 있는 학교 선생님들은 모든 학생들에게 똑같은 예시가 그려진 그림을 보여 주면서 똑같은 내용을 가르친다. 그렇게 안 하면 교사도 학부모도 큰일 나는 줄 알고 있으니 난감할 따름이다.

어떤 교사가 자신이 합리적이라고 생각하는 대로 1페이지가 아닌 30페이지부터 가르치는 일은 상상할 수도 없다. 교과서에 나오지 않는 사례나 방식으로 가르치는 것도 마찬가지다. 학교에서 돌아온 아이에게 부모가 "오늘은 뭘 배웠니?"라고 물었을 때 아이가 학교에서 있었던 일을 그대로 말하면 당장 문제가 생길 것이다. 학부모는 학교 선생님이 좀 이상하다면서 학교에 전화를 걸어 선생님을 바꿔 달라고 할 수도 있다. 만약 영화 〈죽은 시인의 사회〉에 나오는 키팅 선생님처럼 책의 앞 페이지가 필요 없는 내용이라고 찢어버린다면 당장 교사직을 관둘 각오를 해야 할 것이다.

우리는 획일화된 교육에 너무 길들여져 있어 섣불리 거기서 빠져나올 생각을 하지 못한다. 가르치는 사람이 가르치기 편하게 조작할 수 있는 형태를 갖춘 디지털 교과서에 대한 어색함과 거부감은 여기에서 비롯된다. 많은 선진국들은 우리나라만큼 교육 방식이 틀에 박혀 있지 않기 때문에 이를 비교적 쉽게 받아들일 것이다. 하지만 우리나라는 IT 기술이 최첨단으로 발전했음에도 불구하고 디지털 교과서라는 개념을 여전히 낯설어하고, 불편해하고, 심지어 반대하기까지 한다.

디지털 세대의 아이들은 더 이상 학교에서만 공부하지 않는다. 교과서에 나와 있지 않은 내용을 인터넷을 통해 습득하기도 하고, 교과서에 있는 내용을 디지털 도구를 통해서 더 잘 이해하기도 한다. 아이들이 학교에서만 악보를 배울 수 있다고 생각하는가? 오히려 그보다 많은 아이들이 피아노를 치면서 점차 자기만의 악기를 다루게 되어 자연스럽게 악보 읽는 법을 터득하곤 한다. 요즘 아이들의 영어 발음이 좋아진 것이 학교 선생님들의 뛰어난 영어 실력 때문일까? 그것보다는 인터넷에 영어 발음과 관련된 교육 콘텐츠가 넘쳐나고 있기 때문일 것이다.

아이들이 과거보다 더 많은 지식, 실시간으로 변하는 더 진보된 지식을 배우면서 관심 분야도 한층 다양해지고 있다. 그런데 학교에서는 정형화된 교육만을 고집한다. 당연히 학교 교육에 흥미를 잃을 수밖에 없고, 실질적인 학습과 잘못된 형식적 학습과의 괴리로 인해 시간 낭비, 돈 낭비, 에너지 낭비를 할 수밖에 없다.

진보된 기술을 활용하면 획일화된 교육에서 벗어나 아이들이 원하는 흥미로운 방식으로 풍부한 교육 콘텐츠를 제공할 수 있다. 이렇게 교육에 디지털 기술을 활용하는 것은 이제 선택이 아니라 필수이며, 선진국을 비롯해 전 세계가 앞다투어 이러한 변화에 뛰어들고 있다.

우리 교육은 결과만 중요하다?

올바른 교육을 위해서는 학부모들의 자세가 가장 중요하다. 그런데 부모의 잘못된 교육 방식 때문에 고통받는 아이들이 너무도 많다. 특히 요즘은 자녀의 수가 적다 보니 자식에 대한 부모의 보상 심리가 강해서 그로 인해 교육이 더욱 왜곡되고 있다. 아이가 원하는 것이 무엇인지를 살피기보다는 부모가 원하는 이상적인 진로를 강요하는 경우가 많은 것이다. 그러다 보니 학습을 위한 동기 부여가 오로지 좋은 대학, 좋은 학과에 입학하는 것이 주가 되었다.

많은 학생들이 점수에 맞춰서 대학을 가고 자신의 적성과 전혀 맞지 않는 공부를 하면서 몇 년의 시간을 낭비한다. 심지어 남들이 부러워하는 의대에 합격해 의사가 되었지만, 적성에 맞지 않아 마음 고생만 하다 그만두고 요리사가 된 사람도 있다. 이처럼 부모 혹은 사회가 원해서 전공과 직업을 선택했을 경우에 생기는 폐해는 매우 심각한 수준이다. 스스로 재미있어서 하는 공부가 아닌 주어진 성과만 달성하는 것을 목적으로 하니, 달성하고 나서도 이것이 진정으로 내가 원하는 일인지 항상 고민하고 방황하는 일이 생기는 것이다.

눈앞의 성과만을 강조하다 보니, 특정 교과 수업에서 습득 능력이 느린 아이들에 대한 배려도 부족하다. 똑같은 시간에 똑같은 교육을 하고, 뒤처지는 아이들이 있어도 기다려 주지 않는다. 단지 머리가 나빠서가 아닌 다양한 이유로 잠시 뒤처질 수 있는데, 이를 고려하지 않고 일률적으로 교육하고 평가하는 것이다. 예를 들어 특정 시점에 덧셈·뺄셈을 못할 수 있지만, 기다려 주거나 올바른 처방을 내리면 나중에는 다음 과정을 더 빨리 습득할 수도 있다. 그런데 그 시점에서 시험을 보고 성적이 안 좋으면 '덧셈·뺄셈 못하는 아이'라고 단정 지어버리는 것이다. 그렇게 되면 결과만을 중시하는 학교 교육 때문에 아이는 열등감에 빠지고 자연스럽게 공부에 대한 흥미를 잃고 만다.

실제로 고등학교 1학년 때까지 게임에 빠져 있다가 대학에 가서 식물에 대해 연구하고 싶다며 열심히 공부한 학생이 있었다. 게임을 하듯 공부에 지독히 몰입한 결과, 햇빛에 반응하는 식물에 대한 연구를 하고 특허를 낼 수 있었다고 한다. 이렇게 자율적으로 동기 부여가 되어 공부하는 이들은 성과도 좋을 수밖에 없다.

대부분의 교사들이 수업을 시작하기 전에 학생들에게 그날의 수업 내용에 대한 그림이나 간단한 자료를 일부 보여 주고는 동기 부여를 했다고 생각한다. 그러나 요즘 같은 시대에 그런 단순한 방법으로 동기 부여가 될 리 없다. 각종 기업에서 만든 훌륭한 교육용 멀티미디어 콘텐츠가 얼마나 많은데, 그런 그림 한 장에 동기 부여를 받겠는가. 아이들이 실제로 자신의 디지털 기기를 통해서 접하는 콘텐츠의 수준과 교사가 제시하는 자료의 격차가 너무나 큰 안타까운 현실이다.

따라서 콘텐츠의 질을 제고하는 동시에 각자에게 맞는 동기 부여 방법이 필요하다. 학생 개개인의 특성이 다르기 때문에 그에 맞는 방법을 찾아야만 제대로 학습 의욕을 고취시킬 수 있으며, 아이들이 자기 주도적으로 학습할 수 있다.

우리 교육은 학벌을 중요시한다?

대학 교육을 모든 이들이 반드시 받아야만 한다는 우리나라의 문화적 풍토는 분명 문제가 있다. 물론 학자, 연구원 수준의 전문적인 지식이 필요한 경우가 있다. 그런 아이들은 해당 전공을 가르치는 대학에 가야 한다. 하지만 여기서도 자신이 하고 싶은 일을 위한 동기 부여가 우선이지 단순히 대학 자체를 목표로 해서는 곤란하다.

각종 직업군들을 보면 대학을 졸업하는 것이 그 직업과 무슨 관련이 있는지 의아할 때가 많다. 예를 들어 대학을 졸업하지 않으면 취업하기 어려운 은행만 해도, 은행에서 입출금을 관리하는 일이 대학에서 받은 교육과 얼마나 관련이 있을지 의구심이 든다.

어떤 사람은 대학을 졸업하고 잘 알려진 공기업 입사 시험에 합격했는데, 하루 종일 하는 일이라고는 고작 3교대로 표를 판매하는 것뿐임을 알고는 매우 허탈했다고 한다. 직업 중에는 꼭 대학을 졸업해야 할 만큼 필요한 소양과 능력을 요구하는 경우도 있지만, 그렇지 않은데도 군이 많은 돈을 들여 대학을 졸업해야 한다고 생각한다면 이는 분명 잘못된 것이다.

어느 방송 프로그램에 아버지의 직업이 버스 기사인 한 중학생이 출연한 적이 있었다. 그 소년의 꿈은 버스 디자이너였는데, 그는 아이돌 그룹을 보는 것보다 버스 공장을 견학하는 것이 더 즐겁다고 했다. 그 학생은 버스 기사라는 직업을 가진 아버지를 아주 자랑스러워했고, 하루 종일 버스 모형을 만들면서 노는 것이 유일한 일과였다. 그 아이에게는 디자이너의 꿈을 이루기 위해 고등학교를 진학하고 대학을 나오는 것보다, 지금 당장 버스를 직접 디자인하는 데 필요한 교육을 받는 것이 훨씬 중요해 보였다.

지금은 불가능한 생각일 수 있겠지만, 대학에 가지 않아도 본인에게 필요한 교육을 받을 수 있는 시대, 정규 교육 없이도 경제적 풍요로움과 명예를 얻을 수 있는 시대가 하루빨리 오기를 소망해 본다.

03

교육 혁명의 물꼬를 터라

새로운 역량을 가진 인재를 기르기 위해서는 지금까지와는 다른 새로운 교육 방식이 필요하며, 이때 가장 중요한 것은 교사와 학부모의 역할이다. 그리고 그 역할을 불문하고 아이들에게 관심을 가지고, 함께 하려는 마음가짐은 항상 기본 전제가 되어야 한다.

아이들의 디지털 기기 사용에 대해서도 기성세대들은 고루한 고정관념에서 벗어날 필요가 있다. 아이들이 게임을 한다고 태블릿을 사용하지 못하게 하거나 사용 자체를 무조건 반대하는 어른들이 있는데 그런 방식으로는 아이들이 만족스러운 방향으로 성장하는 것을 도울 수 없고, 무엇보다 아이들을 시대에 뒤처지게 만든다. 모든 변화에는 좋은 면이 있고, 나쁜 면이 있는데 나쁜 면만 보고 무조건 하지 못하게 하는 것은 아이를 방치하는 것이나 다름없다. 따라서 학부모와 교사를 비롯한 어른들은 고루한 고정관념에서 벗어나, 바른 안목을 가지고 새로운 시대와 새로운 세대가 요구하는 방식으로 변화할 필요가 있다.

학교가 사라진다?

미래 학교에 관한 연구는 스마트 교육이 본격적으로 시작되기 전부터 오랫동안 지속되어 왔다. 우리 아이들이 다니게 될, 그리고 다녀야 할 미래 학교의 모습은 교육 관계자라면 누구든 지니고 있는 소망의 원천이자 해결해야 할 과제다.

학자에 따라서는 극단적으로 미래 사회에서는 학교가 사라질 것이라고 전망하기도 한다. 그러나 대체로 10년에서 20년 후 미래 학교는 다양성을 갖춘 동시에, 사람들이 살아가는 데 필요한 학습 경험을 체계적으로 설계하고 만들어 갈 수 있도록 지원해 주는 지역 사회 중심의 학습 센터 형태일 것이라고 예측한다.

유럽의 경우에는 학교가 사라질 것이라는 의견이 더 우세하고, 우리나라는 지금의 초·중·고 12년을 기본으로 하는 학교 체계가 유지되지 않을 것이라는 결과가 나왔다. 외부 기관에서 실시한 조사에 따르면 '학교'라는 물리적 공간은 있으나, 학생 교육과 더불어 지역 사회 학습을 담당하는 중요한 센터의 역할을 수행하게 된다는 것이다.

학교가 사라지지 않을 것이라는 근거는 학교만이 가진 고유 기능에서 찾을 수 있다. 학교는 단순히 학습만을 목적으로 하는 공간이 아니다. 다양한 사회적 기능을 가진 공간이다. 가정과는 분리되어, 오로지 학습만을 위한 수요를 충족하는 공간인 동시에, 또래의 아이들이 서로 얼굴을 맞대며 성인이 되어 겪게 될 사회적 활동을 경험하는 예비 공간인 것이다.

이러한 예측을 토대로 앞으로 어떻게 학교를 만들 것인가에 대한 고민이 이어지고 있다. 이러한 고민의 결과로 탄생한 것이 2012년 3월 세종시에 개교한 참샘초등학교다. KERIS Korea Education Research Information Service(한국교육학술정보원)의 주도로 설계된 참샘초등학교는 기존의 학교와 새로운 커뮤니티 공간으로서의 기능을 동시에 충족하는 곳으로 설계됐다. 이는 진정한 미래 학교를 구현하기 위한 과정에 있는 하나의 예시일 뿐이므로, 우리가 꿈꾸는 이상적인 미래 학교는 앞으로도 장기간에 걸쳐 착실히 구축되어야 할 것이다. 그 완성이 가까이는 10년, 멀게는 20년이 될 수도 있지만 그 지향점은 앞서 언급한 것처럼 분명하다.

사회와 학교의 경계가 무너지다

많은 전문가들은 제도적인 교육만으로 이루어진 '학습'이 사회에서 활용되기에는 부족함이 많다고 지적한다. 사회 생활은 학교 생활의 연장선상에 있기 때문에 학교를 지금과 같이 고립된 공간으로 두어서는 안 된다는 것이다. 학생들이 학교를 졸업하고 사회로 진출했을 때, 홀로 야생에 내던져진 것처럼 두렵고 위험한 상황에 처하지 않도록 학교와 사회가 담을 허물고 연결되어 있어야 한다. 심지어 일부 미래 학자들은 학교가 없어질 것이라고도 하는데, 분명한 것은 학교와 사회의 경계가 모호해진다는 것이 정설이라는 점이다.

그리고 실질적으로 요즘에는 앞서 나가는 많은 학부모들이 기존의 제도권 교육에서 벗어나 체험 활동에 중점을 두는 대안 학교에 보내기도 하고, 홈 스쿨링Home Schooling(학교에 가는 대신에 집에서 부모한테 교육을 받는 재택 교육)에도 적극적으로 나서고 있다. 예전에는 대안 학교를 지진아 등 문제가 있는 학생들이 가는 곳이라고 생각했지만 지금은 기존 학교에서 길러 주지 못하는 창의성과 자율성을 발전시켜 주는 곳이라는 관점으로 바뀌었다. 또한 과거에는 대안 학교를 졸업하면 검정고시를 치러야만 상급 학교에 진학할 수 있었지만, 근래에는 몇 가지 요건을 충족시키면 진학할 수 있도록 바뀌고 있다.

이렇게 학교가 다양해지고 제도권 교육은 점차 유연해지고 있다. 이처럼 현실에서는 사회와 학교의 경계가 점점 허물어지고 있으며, 심지어 혼합되어 뒤섞이고 있다.

학교를 재정의하다

그렇다면 이러한 지향점을 바탕으로 미래 학교, 미래의 교실은 어떤 모습이 될지 전망해 보자. 전체적으로 다섯 가지 측면에서 큰 변화가 있을 것이라고 생각한다.

첫째, 미래 학교는 지역의 학습 문화를 공동으로 만들어 가는 장소로 변모할 것이다. 지역의 학습 문화 센터라는 의미는 크게 세 가지 측면에서 살펴볼 수 있다. 먼저 미래 학교는 단순히 학습하는 공간이 아니라 개인의 일생을 설계하는 곳이 될 것이다. 개인의 생애 설계 모델에 따라 자신이 필요로 하는 교육 과정을 스스로 자유롭게 설계하고, 자신의 생애를 스스로 디자인해서 발전시킬 수 있을 것이다. 이러한 과정에서 교사는 기존의 잘 가르치는 역할에서 벗어나 학생 개개인의 학습 경험을 설계해 주고, 숨겨진 역량을 발굴해서 발전시킬 수 있도록 컨설팅해 주는 멘토 역할을 하게 될 것이라고 전망한다.

그리고 미래 학교는 학생들뿐만 아니라 학부모와 지역민 모두의 학습을 지원하는 공간이 될 것이다. 학교를 졸업한 학부모와 노령 인구를 포함한 일반 지역민들 역시 생애 학습자의 일원으로서 학교의 다양한 학습 콘텐츠, 시설, 환경 등을 자유롭게 활용하고, 지역의 학습 문화를 함께 만들어 나가게 될 것이다. 또한 미래 학교로 인해 사회와 학습의 벽이 허물어질 수 있다. 미래 사회에서 학교는 더 이상 고립된 공간이 아니라 일상생활의 사소한 경험들까지 의미 있는 지식으로 전환해 주고, 활용할 수 있게 해 주는 구심점 역할을 할 것이다.

둘째, 학교와 사회가 체계적으로 연계될 것이다. 미래 학교는 설계 단계에서부터 지역 사회의 연계를 반영하여 만들어질 것이다. 이때 지역 사회의 인프라를 고려하면 도심형, 전원형, 복합형 등 여러 가지 유형이 생겨날 수 있다. 예를 들어 도심의 경우 생태 친화적 학습의 장으로 설계할 수 있고, 전원 지역의 경우 부족하기 쉬운 문화 시설 중심으로 학교를 설계하는 것이다. 체육 시설이 부족하다면 가까운 지역 사회 체육 센터를 공동으로 활용하거나 학교의 도서관과 강당 등을 지역민이 유용하게 사용할 수 있는 형태로 설계한다. 이렇게 미래 학교는 학교와 지역 주민 모두에게 양질의 자원과 시설로 서로 혜택을 주고받을 수 있는 형태로 만들어질 것이다.

셋째, 미래 학교의 건물과 교실은 기존의 획일적인 직사각 형태에서 벗어나 학습 환경에 대한 새로운 시각을 토대로 독창적인 모습을 갖추게 될 것이다. 장기적인 변화에 대응하여 공간의 크기, 수, 학교의 위치나 다양한 유형에 대한 적합성을 중요한 고려 대상으로 삼고, 수시로 변할 수 있는 교수 모델을 고려해 융통성 있는 환경을 제공할 것이다.

넷째, 각종 첨단 기술이 도입될 것이다. 네트워크 기반의 스마트 행정, 시설 관리 시스템, 문제 발생 시 원격 장애 지원이 가능한 시스템 등을 활용하면 보다 편리하게 학교 생활을 할 수 있다. 또한 안전하면서도 누구나 접근할 수 있는 시스템이 도입될 것이다. 미래 학교는 지역 사회와 밀접한 연계가 필요하므로 이때 제기될 수 있는 안전성 문제를 해결할 수 있도록 특정 공간의 개방과 폐쇄를 체계적으로 관리할 수 있는 영역별 출입 관리 시스템이 도입될 것이다.

다섯째, 미래 학교는 혁신적이고 창의적인 사고를 할 수 있도록 다양한 기능의 공간들이 만들어질 것이다. 예를 들어 스마트 월Smart Wall을 사용하면 바닥과 벽면까지 사용 가능한 교실이 만들어진다. 또한 기존의 학습 공간뿐만 아니라 맞춤형 커리큘럼 설계와 진로 탐색을 도와주는 학습 컨설팅 룸이 중요한 학습의 지원 공간이 될 것이다. 이 외에도 미래 학교에서는 다양한 프로젝트 학습, 프레젠테이션, 작품 전시, 퍼포먼스, 토론 등을 할 수 있는 소규모 공간들이 곳곳에 만들어질 것이다. 특히 다양한 커뮤니티 공간을 제공함으로써 학생들끼리 혹은 학생과 교사가 자연스럽게 소통할 수 있게 할 것이다.

미래 사회는 틀에 박힌 인재가 아닌, 어떤 상황에서도 능력껏 대처할 수 있는 창의적인 인재를 요구한다. 우리 아이들이 다니게 될 미래 학교는 그런 미래형 인재들을 닮은 창의적인 공간으로 만들어질 것이다.

학습이 된 놀이, 놀이가 된 학습

사회에 필요한 지식의 개념이 바뀌면서 학습과 놀이의 경계도 무너지고 있다. 맥락과 동떨어진 학습은 아이들의 흥미를 끌기 어렵다. 마치 놀이처럼 자연스럽게 학습할 때 아이들은 더욱 적극적으로 배우려 하고, 그렇게 배운 지식은 기억에도 오래 남는다.

단적인 예로 중력이나 가속도, 원심력에 대해서 얼마나 많은 것을 기억하고 있는가? 혹은 그 정의를 정확히 기억하고 있다고 해도 딱딱하고 추상적인 개념으로만 기억하고 있을 것이다. 하지만 이러한 물리 이론을 교과서 속 정의가 아닌 맥락과 연결시켜서 학습했다면, 그 개념이 무엇인지 쉽게 떠올릴 수 있게 된다. 쉽게 말하자면 놀이공원에서 롤러코스터를 탔을 때 몸체가 뒤집혀도 우리의 몸이 떨어지지 않는 것은 중력에 반하는 원심력이 있기 때문이라고 가르치는 것이다. 또한 롤러코스터가 한동안 위로 올라갔다가 내려올 때 계속해서 달릴 수 있는 것은 가속도 때문이라고 가르쳐 준다면, 정확한 정의는 잊어버리더라도 그 개념만큼은 잊지 못할 것이다.

맥락을 통한 지식 습득은 놀이와 학습의 경계를 없앰으로써 흥미 유발뿐만 아니라 살아 있는 지식을 보다 오랫동안 기억하게 한다. 이러한 학습은 정해진 것만을 가르쳐야 하는 과거에는 불가능했지만, 최근에는 각종 교육용 콘텐츠를 통해 가능해지고 있다.

하지만 여기서도 조력자로서 교사의 역할은 중요하다. 단순히 재미와 흥미만을 목적으로 하다 보면 교육 본연의 의미가 퇴색할 수 있다. 교사는 어떻게 하면 놀이를 통해 교육적인 효과를 살릴 수 있을지 고민하고 안내하는 조력자 즉, 퍼실리테이터Facilitator로서의 역할을 해야 한다.

현재 대부분의 초등학교에서 시행하고 있는 '방과후 학교' 프로그램도 이런 놀이와 학습의 경계를 뛰어넘는 교육의 한 모습이라고 할 수 있다. 아직 제도권에 포함되어 있거나 법적인 기반을 갖춘 프로그램은 아니지만, 전국 학생들의 60% 정도가 참여하고 있을 만큼 유용하게 사용되고 있다. 이는 교과 수업에 대한 보충 학습의 성격도 있지만, 초등학교의 경우에는 인성 프로그램이나 야외 활동 프로그램이 많아서 아이들에게 다양한 방식으로 학습에 대한 흥미를 높여 줄 수 있다. 예를 들면 단순히 학교 지식을 습득하는 것이 아닌 로봇을 만드는 과학 캠프 등 놀이와 다를 바 없는 환경에서 학습하는 것이다.

과거의 학교에 비해서 이렇게 실질적으로 많은 것들이 바뀌고 있는데, 그 경계에 있는 경우는 실체를 파악하기 어려울 때가 많다. 따라서 그 방향이 어디를 향해 있는지 학부모와 교사들은 항상 관심을 기울여야 할 것이다.

부모의 마인드 변화가 먼저다

무엇보다 우리 아이들에게 필요한 것은 질책이나 사교육이 아닌 지속적인 관심이다. 단순히 점수를 올리려고 사교육을 시키거나 자신의 욕심만 앞세워 아이의 취향은 고려하지 않은 채 학원을 보내는 부모들이 많다. 여기서 그치지 않고 아이가 배우기 싫어하거나 좋은 성적을 받지 못하면 무조건 혼내고 나무란다. 이러한 것이 어떻게 아이에게 도움이 될 수 있겠는가? 무엇보다 중요한 것은 일단 아이를 지켜보고 다양한 기회를 주면서 아이가 진정으로 원하고 잘 맞는 적성을 찾도록 도와주는 것이다.

공부에 관심이 없고, 의기소침해서 혼자 게임만 하던 아이가 있었다. 그 아이는 평소에 약속을 잘 지키지 않아서 문제였는데, 좋아하는 운동을 하면서부터 달라지기 시작했다. 게임하는 시간도 줄이고, 약속도 잘 지키게 된 것이다. 스포츠에서는 협동하는 능력과 약속을 잘 지키는 것이 중요한 관건이기 때문에, 자신이 좋아하는 놀이를 하면서 자연스럽게 사회성을 기르게 된 것이다.

게임을 한다고 해서 무조건 질책만 할 것이 아니라 어떤 게임을 통해 무엇을 배우고 있는지 살펴야 한다. 언젠가 온라인 게임을 하는 한 아이가 멀리 외딴 지방에 사는 어떤 아이와 같이 채팅을 하면서 존댓말을 쓰는 것을 보았다. 왜 존댓말을 하느냐고 물어보니 원래 그 게임에서는 처음 만나면 친해지기 전까지 모두 존댓말을 한다는 것이다. 게임의 내용과 상관없이 이 아이는 게임을 통해 낯선 사람과의 관계 맺기를 배울 수 있었던 것이다.

아이가 동화책을 사면 대부분의 부모는 같이 읽어 본다. 아기와 함께 놀아 주기 위해서는 로봇 이름, 공룡 이름을 외워야 한다. 디지털 기기와 교육도 마찬가지다. 부모들이 읽어 보지 않고, 해보지 않으면 아이들과 공감대를 형성할 수 없다. 그냥 기계만 쥐어 주면 아이들은 자기가 하고 싶은 것에만 빠질 수밖에 없다. 학부모가 직접 읽고 체험해 보면서 좋은 것을 아이들에게 소개해 주면 아이들도 부모에게 더욱 친근감을 느끼고 소통하려고 할 것이다.

아이가 새로운 도구와 새로운 기술을 익히고 즐기는 것은 나쁜 것이 아니다. 그렇게 하지 않으면 새로운 세상에 적응할 수도 없고 또래와 어울릴 수도 없다. 정말 나쁜 것은 아이가 몰입해서 배우는 것에 대해 학부모가 공감하지 못하고, 아무것도 모른 채 올바른 방향으로 지도해 주지 않는 것이다.

학부모가 어설프게 자신의 방식으로 가르치려 하고 잘하지 못한다고 질책하면 아이들은 입을 다물어버린다. 모든 교육이 그렇듯, 일단은 아이들을 지켜보면서 사실을 정확하게 파악해야 바른 진단과 처방을 내릴 수 있다. 그러기 위해서는 부모도 아이가 어떤 생활을 하는지 지속적으로 관심을 갖고, 필요하다면 아이들이 처해 있는 상황을 직접 경험해 보는 것도 바람직하다.

요즘 아이들 사이에서 인기 있는 '스머프' 게임을 예로 들어 보자.

그 게임에서는 밭에 농작물을 심고 썩지 않게 잘 길러서 수확을 하면 돈을 벌고 다음 단계로 넘어갈 수 있다. 이때 '스머프 베리'라는 아이템을 사게 되면 돈도 모으기 쉽고 다음 단계로 넘어가는 데 유리한 아이템들을 얻을 수 있다. 많은 아이들이 이 게임에 빠져 가는 것을 보며 한 학부모에게 고민이 생겼다. 유행 중인 코미디 프로를 보지 않으면 또래와의 이야기에 끼지 못하는 것처럼 스머프 게임을 하지 않으면 역시 친구들과 어울리지 못할 텐데, 하게 해 주어야 할지 말아야 할지 고민이라는 것이다.

이럴 때 가장 좋은 해결책은 부모가 먼저 게임에 참여해 보는 것이다. 부모가 먼저 게임을 해보고 아이에게 가르쳐 줄 수 있는지에 따라 단순한 게임이 될 수도 있고, 교육적 효과를 줄 수도 있다. 무엇보다 게임이 진행되는 구조를 파악한 후에는 자녀에게 조언하는 것도 가능하다. 단기간에 퀘스트를 해결하려고 종일 게임만 하거나 스머프 베리를 사서 쉽게 다음 단계로 넘어가는 것보다는, 가끔 한 번씩 게임을 실행해서 오랫동안 키울 수 있는 작물을 기르며 천천히 다음 단계로 넘어가는 것이 훨씬 더 보람 있다는 것을 가르쳐 줄 수 있을 것이다.

태블릿이나 스마트폰, SNS를 통해 아이들과 소통의 접점을 마련하는 부모들이 많아지고 있다. 물론 부모들이 노력한다고 해도, 디지털 기기의 각종 기능들을 단번에 습득하는 인터넷 세대 아이들을 따라 잡기에는 역부족이다. 하지만 그것을 어떻게 올바르게 활용할

지에 대해서는 부모들이 더 확실히 알고 있을 것이다. 가치 중립적인 기기에 윤리성과 유익함의 가치를 부여하는 것은 결국 부모의 몫이기 때문이다. 그런 역할을 충실히 이행하기 위해서라도 부모들이 기존의 부정적인 고정관념을 깨고, IT 기술과 디지털 기기에 대해서 보다 적극적인 태도를 취할 필요가 있다.

21세기를 살아가는 우리 사회의 가장 큰 재산은 인재와 기술이다. 물적 자원이 부족한 우리나라는 인적 자원에 기댈 수밖에 없고, 첨단 기술을 발 빠르게 익혀서 새로운 비즈니스를 만드는 것만이 우리의 경쟁력이다. 이런 시대에 아이들이 인터넷을 못하게 막고, 새로운 기술을 경험하지 못하게 하는 것은 우리 사회의 경쟁력을 극도로 저하시키는 일이다. 인터넷에는 게임만 있는 것이 아니다. 유용한 프로젝트를 할 수 있는 다양한 프로그램들이 있다. 따라서 아이들로 하여금 인터넷이야말로 그들의 미래를 책임질 즐겁고 유용한 도구라는 것을 알 수 있게 해 줘야 한다. 무엇보다 경쟁에 뒤처지지 않으려면 이러한 부모와 학생들의 마인드 전환이 필요하다.

교사는 가르치는 사람이 아닌 도와주는 사람

싱가포르에서 손꼽히는 명문 고등학교에 다니는 지인의 아들을 만난 적이 있다. 그 아이가 말하기를, 학교에서는 컴퓨터가 없으면 아무것도 할 수가 없고, 일주일에 한 번씩 새로운 프로젝트가 주어져 프레젠테이션을 하기 때문에 누구나 프레젠테이션의 대가가 될 수밖에 없다고 했다. 디지털 기기를 이용하여 끊임없이 자신의 생각을 확장시킬 수 있도록 학교에서 직접 과제를 주는 것이다. 이처럼 새로운 기기와 새로운 수업 방식으로 학습자에게 21세기를 이끌어 나갈 역량을 길러 주는 것, 이것이 지금 현실로 다가온 선진 교육 방식이고, 우리가 이 책에서 다루는 '스마트 교육'이다.

현대의 아이들이 주로 접하는 매체가 기성세대의 그것과는 많이 달라졌다. 기성세대가 주로 접하던 미디어는 신문, 라디오, 텔레비전이었는데 요즘 아이들은 다른 수단을 통해서 학습한다. 아이들이 바뀌고 있고, 이에 따라 교육도 달라져야 한다. 이렇게 현재 자라나는 아이들에게 알맞은 교육을 하자는 것이 앞으로 이야기하게 될 스마트 교육의 취지다. 특히 우리나라에서 지금 준비하고 있는 교육은 외국에서 하고자 했던 것들을 총체적으로 모아 하나의 정책으로 가시화한 것이기에 전 세계가 더욱 주목하고 있다.

물론 이런 혁신적인 교육 정책을 바탕으로 한 교실 수업의 변화는 기존 수업에 익숙해져 있는 교사들에게 어려움을 줄 수 있다. 지금까지 가르쳐 왔던 방식을 바꾼다는 것은 쉬운 일이 아니다. 수십 년 동안 교과서 한 권을 가지고 한 시간씩만 가르치면 되던 수업이 전면적으로 바뀐다면 교사들이 매우 힘들어할 것이다. 하지만 지금껏 말했듯이, 새로운 교육을 받아들이는 것은 필수불가결하기 때문에 아무리 시간이 걸린다고 해도 결국은 그 변화를 받아들여야 한다. 물론 잘 적응하는 교사와 그렇지 못한 교사의 격차를 고려하여 인내심을 갖고 꾸준히 진행하는 것이 바람직하다.

지금껏 교사가 일방적으로 절대적인 진리를 전달하는 역할을 했다면 이제는 이른바 퍼실리테이터, 곧 조력자와 촉진자로서의 역할이 중요해지고 있다. 퍼실리테이터로서 교사는 배우고 익히고 생각해내고 생활하는 일 등이 원활하게 진행되도록 돕는 조정 촉진자, 진행 촉진자, 학습 촉진자 등의 역할을 수행한다.

먼저 조력자로서 교사는 개별 아이들의 성향을 잘 분석해 그에 맞게 처방한다. 예를 들면 어떤 아이가 공부보다 놀기를 좋아한다면 그중에서도 어떤 놀이를 좋아하는지 알아보고 그에 해당하는 전문 분야를 연결해 주거나, 수학은 못하는데 자연과학을 잘하면 자연과학을 통해 수학 실력을 높일 수 있는 방향으로 지도하는 것이다.

촉진자로서 교사는 아이들이 흥미를 가지고 각 단계에 맞는 역할을 수행할 수 있도록 한다. 예컨대 자전거 타기의 경우 어떤 아이에게는 즐거운 놀이의 과정이지만, 어떤 아이에게는 타기 싫은데 힘들게 배워야 하는 학습의 과정이 될 수 있다. 이때 교사는 자전거 타기를 일종의 학습으로 여기는 아이들이 세발자전거에서 두발자전거 단계로 넘어갈 수 있도록 도전 과제를 제시해 아이가 스스로의 힘으로 성장할 수 있게 돕는다. 예를 들어 보조석을 잡고 같이 달리다가 아이가 균형을 잡았다고 느낄 때 손을 떼는 것이다. 뜀틀을 배울 때에도 처음에는 구름판을 대 주다가 어느 정도 실력이 늘면 구름판을 빼서 혼자 힘으로 넘을 수 있게 한다. 촉진자는 이렇게 단계를 변화시킬 시점을 포착해서 행동으로 옮기는 역할을 한다. 즉, 각 아이의 특성과 실력을 파악하여 언제 손을 놓고, 언제 구름판을 뺄지 결정하는 것이다. 이처럼 퍼실리테이터의 역할은 과거에 일방적으로 지식을 전달하는 것보다 훨씬 복잡한 고급 기술을 요한다. 또한 학생들에 대한 훨씬 더 많은 관심과 애정을 요구하기 때문에 쉽지 않은 일이기도 하다.

전통적인 교수 방식에 익숙한 교사에게 이러한 역할 변화는 다소 생소할 수 있을 것이다. 하지만 가정에서 자식들에게 권위적이고 무소불위의 권력을 발휘하던 아버지의 입지가 현대 사회에서는 친구처럼 변해 가는 것과 같이, 교사의 역할 역시 변화하는 시대에 발맞춰 바뀌는 것이 자연스러운 일이다.

조금 더 많이 알고, 조금 더 잘 기억한다고 해서 우위에 있는 시대는 갔다. 지식만으로 권력을 발휘하는 시대는 끝난 것이다. 물론 여전히 과거의 방식에 익숙한 교사들에게 새로운 교육 방식을 강요하며 디지털 기기를 주고 퍼실리테이터로서의 역할을 하라고 하면 당황하거나 곤혹스러워할 수 있다. 하지만 이러한 교사들의 어려움 역시 앞서 제시된 부모가 자녀와 함께 게임을 해보는 것과 같은 맥락으로 해결할 수 있다. 아이가 어떤 단계를 밟아나가고 있는지 관찰하고 조정하는 퍼실리테이터로서의 능력은 정보나 도구가 필요한 것이 아니라 경험이 축적되어야 만들어질 수 있는, 그리고 기존 교사들이 이미 가지고 있는 역량이기 때문이다.

최근 교권 붕괴가 심각한 문제로 대두되고 있다. 교사는 교권을 지키기 위한 방식을 새로운 관점에서 생각해 보아야 한다. 지금의 교사들과는 다른 새로운 세상을 경험하며 자란 학생들은 교사의 엄숙하고 강압적인 권위를 받아들이지 못할 수 있다. 이런 아이들에게는 훌륭한 퍼실리테이터의 소통과 신뢰를 바탕으로 한 따뜻한 교권이 필요하며 이것이야말로 새로운 시대, 새로운 세대에 걸맞은 모습일 것이다.

본연의 교육으로 돌아가자

미래 학교의 기본 원칙은 교육을 받는 한 사람 한 사람에게 맞춤 교육을 제공하는 것이다. 이는 학생 개개인이 자신만의 커리큘럼을 갖게 된다는 의미다. 언어 수업을 더 듣고 싶다면 언어를, 수학 수업을 듣고 싶으면 수학을 더 들을 수 있다.

학교급별 교육의 중점도 대폭 조정해야 한다. 초등학교는 기초 역량이 중요하기 때문에 공통적으로 배우는 내용은 40% 정도에, 나머지 60%는 자신이 선택해서 수업을 들을 수 있다. 중학교 때는 20% 정도가 공통 수업이고 나머지는 스스로 선택할 수 있도록 해서 초등학교보다 그 선택폭을 대폭 넓힐 수도 있을 것이다. 고등학교로 넘어가면 커리큘럼을 선택하는 수준을 넘어서 전문화된 고등학교를 선택할 수 있게 된다. 만약 영화감독을 꿈꾼다면 전문적으로 영화에 관한 것을 고등학교 때부터 선택해서 배울 수 있는 것이다. 디지털 세대인 요즘 아이들은 과거보다 훨씬 더 빨리 성장하고 더 영리하며 더 많은 것을 알고 있기 때문에, 현재의 마이스터고등학교처럼 지금보다 훨씬 더 다양하고 전문화된 학교가 많이 만들어져야 한다. 또한 대학교는 학문에 흥미와 소질이 있는 사람이 특정 분야에 대해 연구하는 배움의 장으로 재편될 필요가 있다. 단순히 학벌 때문이 아니라 남들과 다른 무엇인가를 더 배우고 싶어서 가는 곳이 될 것이다.

또한 미래 학교는 소통을 증진하는 방향으로 설계될 것이다. 평소에는 유리처럼 투명한 큰 전자 칠판을 활용해서 자신이 찍은 사진을 공유하고, 글도 공유할 수 있다. 이렇게 어디서나 통신이 가능한 디지털 기기를 활용하면서도 아이들이 학교에 왔을 때 기계로 둘러싸여 있다는 느낌을 받지 않도록 유의해야 한다. 평소에는 나무도 있고 풀도 있는 자연 공간에서 학습을 하고, 전자 기기가 필요할 때만 꺼내서 사용할 수 있게 하는 것이다. 그리고 모든 벽과 테이블은 학습할 수 있는 장비로 사용될 수 있다. 테이블이나 벽에 낙서하듯 써 놓은 것이 데이터로 저장이 되고, 전송할 수도 있고, 공유까지도 가능한 것이다.

한편 미래 학교에서는 일방적인 소통을 강요했던 선생님의 교탁을 없애 교실의 앞뒤 개념이 사라지게 된다. 그에 따라 선생님이 칠판에 판서를 하고 아이들이 따라 적는 모습은 더 이상 볼 수 없을 것이다. 프로젝트 학습이든 토의 토론 학습이든, 미래 학교에서 수업을 하게 되면 교사는 여기저기 다니면서 학생들을 지도하고 학습 방향을 알려 주는 역할을 한다. 물론 선생님이든 학생이든 개인적인 자리가 필요하면 책상을 하나 마련하여 한쪽에 격리된 공간에서 작업을 할 수 있다. 그리고 자료를 나눠 주는 일 등이 생길 수 있으므로 요즘 도서관에서 사용하는 카트 같은 것을 활용하면 필요한 경우 교탁처럼 사용할 수도 있을 것이다.

교실의 전체적인 구조는 지금처럼 각 학급이 쭉 일렬로 배치되어 있고 복도는 단지 통로에 불과한 구조가 아니라, 중앙에 커뮤니티를 위한 광장이 있고 그 광장을 둘러싸는 원형으로 배치될 것이다. 그리고 선생님에게는 교무실 대신 개인 오피스와 같은 사무실이 주어지고, 자리에서 일어나면 아이들이 활동하는 모습을 한눈에 바라볼 수 있는 형태로 만들어질 것이다.

미래 학교에서 교사들의 가장 중요한 역량은 사람에 대한 이해다. 이전에는 손수 기록했던 행정 업무와 같은 것은 기계가 전부 처리하고 교사는 남는 시간에 아이들에게 좀 더 신경을 쓴다. 가령 과거에는 직접 타이핑으로 입력했던 것을 스캔 한 번으로 해결하는 등 모든 업무 처리를 자동화해서 교사가 학생들에게 보다 관심을 갖고 지켜볼 수 있도록 여유 시간을 많이 부여한다. 학교 교육이 학교 건축

물이라는 고립된 공간에서 벗어나고, 교사의 역할이 지식 전달자에서 멘토로 바뀌면서 교사에게 가장 중요한 역량은 학생들에 대한 애정이 된다.

학습은 크게 형식 학습과 비형식 학습으로 나눈다. 형식 학습은 교실에서 배우는 정형화된 지식이고, 비형식 학습은 삶을 통해서 배우는 지식이다. 인간은 대개 비형식 학습에서 학습의 동기를 훨씬 크게 느낀다고 한다. 일상생활과 차단되어 있는 공간에서는 배우고 싶은 마음이 잘 생기지 않는 것이다. 이렇게 비형식 학습을 기본으로 하되, 반드시 필요한 개념은 교실에서 보강해 주는 것이 미래 학교에서 구현하고자 하는 바람직한 학습 방법이다. 그러므로 교사는 이런 비형식적인 학습까지 고려해서, SNS를 통해서든 면대면이든 장소에 구애받지 않고 학생에 대한 관심과 애정을 담아 꾸준히 지켜보아야 한다.

부모들도 반드시 숙지해야 할 사항이지만, 미래 학교 교사들 역시 조급해하지 말고 인내심을 갖고 학생들을 관찰하는 자세가 필요하다. 그렇게 오랫동안 관찰하고 진단하는 것이 미래 학교의 교사가 해야 할 일이다. 그 일만큼은 아무리 스마트한 기계라도 할 수 없기 때문이다. 결론적으로 미래 학교에서 교사는 기계가 할 수 없는 보다 고차원적인 일을 해야 하는 것이다.

미래 학교의 학습에 대한 가장 기본적인 전략은 '넛지Nudge'라고 할 수 있다. 넛지는 팔꿈치로 슬쩍 찌른다는 의미를 가진 단어인데,

행동경제학에서는 '선택 설계자'라는 의미로 사용된다. 이는 학생들을 위한 교육의 방향성은 분명히 있지만, 그것을 강요하지 않고 세련된 방법으로 스스로 선택할 수 있도록 한다. 인간의 학습 동기를 유발하는 가장 효과적인 방법 중의 하나인 자기 결정성을 존중해 주는 것이다. 그렇게 자기 결정성을 갖고 스스로 흥미를 지녀 자신에게 맞는 방식으로 학습할 수 있도록 도와주는 것, 그것이 스마트 교육이고 그것을 실질적으로 구현하는 것이 바로 미래 학교다.

마지막으로 기술에 기반을 둔 미래 학교의 모습에 대해 걱정하는 사람들을 위해서 이 이야기를 덧붙이고자 한다. 일단 디지털 기기를 통해 교육이 이루어지는 것만으로도 교실 수업에는 큰 변화가 있을 것이다. 칼이 위험하다고 해서 칼을 쓰지 않을 수는 없듯이, 기술에 부작용이 있다고 해서 사용하지 않을 수는 없다. 그것이 이미 우리에게 닥친 새로운 흐름이다. 교통사고의 위험이 있어도 자동차를 타고 다니는 것과 마찬가지다. 다만 그런 부작용을 최소화하기 위해 운전면허라는 제도를 만들고 도로를 정비하는 것처럼, 보완하기 위한 노력을 지속하면 되는 것이다.

고대 로마의 우화 시인 파이드루스Phaedrus(BC. 15~AD. 50)는 이런 말을 남겼다.

문자의 발명은 배우는 사람의 영혼에 망각을 일으킬 것이다. 왜냐하면 사람들이 기억력을 이용하려 하지 않을 것이기 때문이다. 즉 써 놓은 것을 믿으려 하지, 기억하려 하지 않을 것이다. 당신이 발견한 것은 기억이 아닌 회상에 도움이 되는 것이고, 당신은 제자들에게 진리를 주는 것이 아니라 진리의 유사물을 주게 될 뿐이다.

과거에 문자가 발명되었을 때 많은 학자들은 인간의 학습 능력이 크게 떨어질 것을 걱정했다고 한다. 성경책을 전부 암송해야 한다고 믿던 시절이었으니 기억하지 못하는 지식은 지식이 아니라는 논리까지 있었다. 하지만 지금 우리는 문자를 잘 쓰고 있고, 문자가 없는 세상은 생각하기 어렵다. 정보 통신 기술과 디지털 기기는 우리에게 새로운 문자와 같다. 보다 높은 차원에서 생각할 수 있도록 해 주고, 인류를 비약적으로 발전시킬 수 있는 도구인 것이다. 이처럼 교육에서도 각종 기술이 잘 활용될 수 있도록 끊임없이 고민하고 시도해 보는 것은 너무나 당연한 일이다.

세계는 이렇게 변하고 있다

스마트 교육은 우리나라만의 미래 과제가 아니다. 전 세계적으로 교육 혁신에 대한 다양한 논의들이 진행 중이다. 교육 환경과 시대의 변화는 전 세계적인 흐름이기 때문이다.

다른 나라의 경우 우리나라처럼 국가가 앞장서 교육 정책을 추진하기도 있지만, 그렇지 않은 경우도 있다. 특히 교육 선진국이라 불리는 나라들의 교육 정책은 국가적 의제로 추진되고는 있지만, 국가와 학생, 그리고 민간 업체들이 서로 소통하며 진행되는 경우가 많다. 우리나라의 스마트 교육과 비교해 다른 나라, 특히 교육 선진국들은 차세대 교육 혁명을 어떤 식으로 추진하고 있는지 살펴보자.

미국의 NETP 2010

미국은 현재 대학 졸업률이 41% 정도로 선진 36개국 중 9위를 기록하고 있다. 그런데 인종이나 소득에 따라 학업 성취도 면에서 상당한 격차를 보인다. 이러한 상황을 타개하기 위해 오바마 정부는 일곱 가지 교육 목표(표준화된 시험, 학교 선택, 낙오 방지, 단과 대학 재정 마련, 보편적 조기 교육, 과학과 수학 그리고 기술 향상 교육, 교사의 실적에 따른 급여)를 세웠고, 기술 활용을 극대화하는 방향으로 교육 개혁을 진행하고 있다.

미국 교육 정책에 있어 가장 주된 프로젝트명은 'NETP 2010The National Education Technology Plan 2010'인데, 교육 혁신을 통해 대학 졸업률을 증가시키고 성취도 격차를 축소한다는 목적을 갖고 있다. 이를 달성하기 위해 교육을 개인화하고, 정보 통신 기술을 이용한 평가 체계를 구축하며 기술 활용이 가능한 전문 교육자를 양성한다. 또한 언제 어디서나 사용 가능한 인프라를 구축하기 위해 장기적인 측면에서 국가가 지원하고 있다. 한편으로는 현재의 시스템을 바꾸기 위해 기본 가설을 재검토하는 근본적인 노력도 기울이고 있다.

좀 더 구체적으로 살펴보면 다음 여섯 가지 정도로 정리할 수 있다. 첫째는 교육의 개인화로, 기술에 기반을 두어 학생들 개개인에게 맞춤형 교육을 제공하는 것이다. 언제 어디서나 모든 학습자가 더 많은 자료에 유연하게 접근할 수 있도록 환경을 구축하고, 실제적·시각적 기술을 사용함으로써 경험을 통한 교육을 지향한다. 이렇게 개인화된 교육 방식을 통해 21세기형 인재가 갖춰야 할 객관적인 사고, 문제 해결 능력, 멀티미디어 의사소통 능력을 기른다.

둘째, 정보 통신 기술을 바탕으로 객관적 평가 체계를 확립하고 지속적으로 개선하는 것이다. 기술 기반 데이터를 활용해서 학생별로 진도를 파악하고, 학생 개개인에 대한 정보를 통해 개인화된 평가 자료를 전달한다. 또한 시뮬레이션, 협동 환경, 가상 세계, 게임 등과 같은 임베디드 평가 기술을 이용하여 학생들의 참여를 촉진한다. 아울러 객관적인 표준 평가 시스템과 프로세스를 개발하고, 학생들에게 분명한 피드백을 전달하기 위해서 교원의 역량을 강화하며, 평가에 따른 학생들의 사생활 보호를 위해 각종 규제를 마련한다.

셋째, 교사들이 좀 더 효과적으로 학생들을 교육할 수 있도록 각종 툴, 자료, 전문가들과 연계한다. 언제 어디서나 교사들이 기술에 기반을 둔 콘텐츠와 도구에 접근할 수 있게 하고, 동료 교사, 전문가, 지역 공동체, 학부모와 연계하여 자료, 사례, 피드백을 공유한다. 그리고 보다 원활한 소통을 위해 각종 정보 통신 기술을 활용하여 온라인으로 커뮤니티를 형성한다. 이러한 커뮤니티를 통해 교사들의 교육 방식을 점진적으로 개선하고 학생들에게 효과적인 개별화 교육을 제공할 수 있다. 또한 교원들의 정보 통신 기술 격차를 해소하기 위해 온라인 활용에 대한 역량을 강화하고, 전문적인 지식을 함양하게 한다.

넷째, 시간과 장소에 구애받지 않고 온라인에 접속할 수 있는 인프라를 구축한다. 모든 학생들이 광대역 통신망에 접속하여 학교를 벗어난 곳에서도 교육을 받을 수 있게 하는 것이다. 학생과 교사의 유연한 정보 공유를 위해서 유·무선 통신망을 구축하고, 협업을 촉진하는 소프트웨어와 디지털 기기를 보급한다.

다섯째, 효과적인 교육 성과 산출을 위해 전반적으로 시스템을 재설계한다. 기존의 일원화된 교실, 정형화된 학습 진행에서 벗어나 온라인을 이용하여 개별화된 수업을 듣고, 학점을 받는 시스템 도입을 고려하는 것이다. 또한 교육 생산성에 대한 공통적인 인식 체계를 만들고 그에 걸맞은 측정 방식을 개발한다.

끝으로 연구 개발 차원에서 국가가 중장기적으로 교육을 지원하거나 문제를 해결할 수 있도록 준비한다. 단계별 교육 목표 달성을 위한 전략을 수립하고, 특히 과학, 수학, 기술에 중점을 둔 전담 조직을 만든다.

이와 동시에 'SRI International School 2.0'이라는 프로젝트도 추진하고 있다. 이것은 테크놀로지가 통합되면서 변화될 미래 학교에 대한 연구 프로젝트다. 이를 지원하기 위하여 School 2.0의 표준안을 기반으로 해당 학교에 필요한 방식으로 적용해 볼 수 있는 각종 도구Toolkit를 제공하고 있다.

핀란드의 이노스쿨

가장 훌륭한 교육 환경을 갖춘 것으로 평가받는 핀란드의 교육 정책은 2007년부터 2010년까지 두 차례 진행된 '이노스쿨InnoSchool'이라는 프로젝트로 설명할 수 있다. 이 프로젝트는 정부, 교육 기관, 산업별 우수 업체 등이 협력하여 글로벌 시장에 적합한 미래 학교를 만들기 위해 새로운 콘셉트를 개발하고 구체화하는 것을 목표로 하고 있다. 특히 네 가지 분야에서 노력을 기울이고 있는데, 공간적 교육 환경에 대한 분석, 교육 방법과 교원 역량 강화에 대한 분석, 놀이를 겸한 교육에 대한 분석, 네트워크 리더십과 서비스 차원 분석이 그것이다.

좀 더 구체적으로 살펴보면 첫째, 공간적 교육 환경에 대해서는 건축, 도시 디자인 등 공간학적인 부분에서 교육의 효과를 분석하고 물리적인 학습 공간이 성공적인 학습 과정 및 결과물 산출과 어떤 연관이 있는지 연구했다. 이를 위해 어른들의 시각이 아닌 학생들, 아이들의 입장에서 바라본 미래 학교상을 검토하고 구현했다.

둘째, 교육 방법, 교원 역량 강화를 위해서 교수·학습 방법에 대한 연구를 시행했다. 특히 학교에서 이루어지는 형식적 학습과 자율적으로 이루어지는 비형식적 학습의 연관 관계와 효율성을 분석하는 데 주력했다.

셋째, 놀이를 겸한 교육에 대해서 놀이와 같은 학습 환경을 구성하기 위해 게임 기반 학습, 물리적인 움직임, 창의성, 지식의 공동 창출과 같은 분야를 연구했다. 실제로 핀란드에서 개발된 'Smart Us'는 디지털 기술을 기반으로 하는 통합된 물리적 놀이 공간으로, 핀란드를 넘어 유럽의 여러 국가에서도 이를 활용하고 있다.

끝으로 'Inno Serve'라는 네트워크 리더십과 서비스 분석은 학교가 학습 공동체의 역할을 수행하는 데 필요한 다양한 서비스, 비즈니스 모델을 개발하기 위한 연구다.

이 프로젝트의 대표적인 실례로 아르벤파고등학교를 들 수 있다. 이 학교는 먼저 과목 선택에 자율권을 부여하고, 무학년 제도를 도입하는 등 학생 맞춤형 제도를 마련했다. 그뿐 아니라 스마트 보드, 문서 화상기 등을 갖추고, 과목별 공간과 첨단 시설을 구축하고 있다. 이들은 건축 설계에서부터 교사들의 의견을 반영하여 과목별로 건물을 설계하고, 쉬는 시간을 잘 활용하도록 큰 커뮤니티 홀을 중앙에 설치하는 등 더 나은 학교를 만들기 위해 파격적인 건축 방식도 마다하지 않았다.

일본의 FSP 프로젝트

일본은 기기와 소프트웨어 관련 업체의 도움을 받아 정부 주도하에 'FSP Future School Promotion'라는 프로젝트를 수행하고 있다.

이 프로젝트는 2009년 일본 총무성의 하라구치 가즈히로原口 一博 총무상이 제안한 글로벌 금융 위기에 따른 경기 침체를 극복하기 위한 ICT 산업 개발에서 시작했다. 이후 2010년 ICTInformation & Communication Technology(정보 통신 기술) 기반의 협동적 교육 환경에 관한 조사를 실시하고, 21세기에 맞는 교육과 학교를 만들기 위해 교육 정보화 정책을 시행하면서 해당 프로젝트의 닻을 올렸다.

이 프로젝트의 근본적인 목적은 21세기 학교와 교육을 창조하고 정보 통신 기술 산업 개발을 통해 경기를 부양하기 위한 것이다. 이에 2015년까지 모든 초·중등학교의 전체 학생에게 디지털 교과서를 배포하고, 2020년까지 전국에 '퓨처스쿨'을 완성하는 것을 목표로 하고 있다. 그 세부 과제는 세 가지 차원에서 살펴볼 수 있는데 디지털 교육을 위한 인프라를 구축하고 관리하는 것, 디지털 교육을 활성화시킬 수 있는 기기를 지원하는 것, 디지털 교육을 지원할 수 있는 콘텐츠를 개발하는 것이다.

좀 더 구체적으로 살펴보면 첫째, 인프라 구축은 정보 통신 기술을 활용하여 디지털 교육을 활성화할 수 있는 제반 인프라를 구축한 후 유지·보수하고 관리하는 것을 말한다. 이를 위해 각 학교 내에 무선 인터넷 환경을 조성하고 클라우드Cloud(인터넷 기술을 활용한 IT 자원을 서비스로 제공하는 컴퓨팅 또는 기술) 기반의 협동 교육 플랫폼을 구축한다. 그리고 시범학교 혹은 후견인들끼리 정보를 교환할 수 있는 포털 사이트를 만들고, 정보 통신 지원 인력을 각 학교에 배치했으며, 한편으로 정보 통신 기술을 수업에 적용할 수 있는 방법에 대한 조사를 실시했다.

둘째, 디지털 기기의 지원이다. 이는 일본의 지역 업체들이 담당하여 모든 학생들에게 태블릿을 공급하고, 각 교실에 상호 소통할 수 있는 인터랙티브한 칠판을 보급하는 것을 목표로 하고 있다.

셋째, 콘텐츠 개발의 측면에서는 후지쯔 사가 솔루션을 공급하여 디지털 교과서를 개발한다. 기존 교과서를 디지털 교과서로 전환하고, 게임 등을 활용하여 퀴즈를 푸는 솔루션 등을 개발하고 있다.

이 프로젝트를 시행해서 실제로 시범학교에서는 온라인 게임 형식의 퀴즈를 통해 수업을 진행했고, 고등학교 교사에게 3000여 개의 디지털 교과서를 배포했다. 그리고 도쿄 가쓰시카구 혼다초등학교에서 2010년 10월 실질적인 교육 실험을 실시했다. 각 교실마다 전자 칠판을 한 대씩 설치하고 학생 1인당 한 대의 태블릿을 보급했으며, 무선 인터넷 환경도 구축했다. 이에 학급별로 정보 통신 기술 지도원들을 두어 교사와 학생들에게 단말기 사용 방법을 알려 주기도 했다. 그 결과 학생들이 디지털 기기를 사용하여 흥미롭게 수업에 참여하며, 의욕적으로 학습한다는 것이 입증되었다. 이 외에 아홉 개의 시범학교에서 수학, 일본어, 미술, 사회, 과학, 음악 등의 과목을 디지털 교과서로 수업했다.

일본은 미래 학교 지원 프로젝트의 일환으로 시범학교를 운영한 결과, 다양한 피드백을 얻을 수 있었다. 먼저 관련 업체들이 아무리 소프트웨어나 디지털 교과서를 잘 만들어 낸다고 해도, 기존 서책형 교과서를 대체하기 힘들 것이라는 부정적인 의견이 있었다. 아무리 컴퓨터가 대중적으로 보급되어도 종이로 출력해서 정보를 활용하기 때문에 디지털 교과서는 단순히 보충 교재 정도로 활용하는 것이 바람직하다는 견해가 많았다. 반면 긍정적인 시각으로는 아이들이 기존의 듣기 위주 수업에서 벗어나 직접 보고, 만지고, 소통하며 수업을 하기 때문에 더욱 흥미를 갖고 학습에 임할 수 있다는 의견이 있었다.

싱가포르의 퓨처스쿨

싱가포르의 경우에도 일본과 마찬가지로 민간 업체의 도움을 받아 '퓨처스쿨Future Schools@Singapore'이라는 프로젝트를 정부에서 시행하고 있다. 싱가포르는 무엇보다 학생 중심의 교육 환경을 조성하려는 목적으로 프로젝트를 시작했다. 기존의 부분적인 ICT 활용 교육에서 벗어나 학교 전체를 통합적인 ICT 매체로 혁신하여 학생 중심의 교육 환경을 만들고, 21세기 지식 정보화 사회가 원하는 인재를 만들어내려는 것이다.

그 내용을 살펴보면 체험 기반 학습을 제공하여 학생 중심의 교육 환경을 조성하고 있고, 디지털 학습 환경을 구축하며, 학습 커리큘럼과 평가 체계를 새롭게 마련하고 있다. 또한 교육 공동체와 네트워크를 확립하기 위해서 다양한 관계자들과 협력하고 있으며, 지속적인 재검토를 통해서 발전하겠다는 의지를 갖고 있다.

또한 실질적인 면에서 다각적 협력 체계를 바탕으로 IT 기술을 사용한 혁신적인 교육 방법을 탐색하고 있다. 총 여섯 개 학교를 시범운영 중에 있고, IT 인프라, 교사 인식, 학교 문화 등 다양한 변인에 따른 효과를 비교 분석하며 연구하고 있다.

구체적으로는 생산물, 경험, 개인화, 협업, 지원의 다섯 개 분야 정도로 살펴볼 수 있다. 먼저 생산물은 디지털 기기와 콘텐츠를 활용한 수업 지원이다. 디지털 스토리텔링을 영어 혹은 중국어 등으로 제공하고, 1:1 컴퓨팅 환경을 위해서 태블릿을 각 학생들에게 보급한다. 이 태블릿을 바탕으로 줄거리 요약 프로그램을 만들고, 독창적인 스튜디오를 개발하여 언어, 음악, 미술 교과 등을 지원한다. 물론 가장 기본이 되는 무선 인터넷 환경을 전면적으로 구축해야 한다.

경험의 차원에서는 3D, 4D를 통한 체험 기반 학습을 제공한다. 3D 웹 기반 교육 환경을 조성하고, 4D의 멀티 센서 기능으로 다양한 교육 경험을 제공해 주는 것이다. 예를 들면 역사 수업 시간에는 열네 개의 스크린으로 실제 느낌을 구현하거나 게임을 토대로 3D 온라인 환경을 개발하고, 과학 시간에는 쓰나미 효과를 가상현실로 보여주기도 한다.

또한 개인화를 위해서 각자에게 특화된 교육 프로그램을 개발한다. 과학, 수학, 지리 등에서 시나리오 같은 실제 사례를 제공하는 통합 커리큘럼을 개발하고, 디지털 교과서와 각종 교육 자료를 통해 스스로 학습할 수 있는 개인화된 e-러닝 교육 환경을 제공한다. 또한 가상 캠퍼스를 구현하여 학생들이 시간과 장소에 구애받지 않고 교육받을 수 있는 플랫폼을 개발한다.

협업을 위해서는 콘텐츠를 공유하고 커뮤니티를 만들어 협력 체제를 구축한다. 디지털로 개인 간 소통을 활성화하는 서적을 개발하여 콘텐츠 프레임 워크를 공유할 수도 있다. 또한 펑키 스튜디오Funky Studio를 개발하여 학생들이 직접 만든 작품을 발표하고, 친구들과 공유하여 피드백을 서로 주고받을 수 있게 했다. 그뿐 아니라 웹 2.0 기술을 이용해 학생들이 협업할 수 있게 했다. 글로벌한 가상 학습 도구를 개발하여 학생들이 자신의 자료를 등록하고, 교사들은 서로 수업 내용을 공유하기도 했다.

끝으로, 데이터 기반의 평가와 피드백 체계를 구축한다. 학생의 교육 정보, 데이터, 교육 프로세스 등을 수집하고 인문학 관련 툴을 개발하여, 학생들이 에세이를 제출하면 교사들이 실시간으로 피드백할 수 있게 한다.

이렇게 싱가포르는 지난 13년간 교육 프로세스를 개선하려고 끊임없이 노력했다. 특히 정부 주도로 ICT 활용 교육 플랜을 공표하고, 각 학교별로 다양한 업체를 선정하여 ICT 활용 교육 환경을 조성하기 위해 노력해 왔다.

호주의 스마트 교실

호주는 다른 국가들보다 먼저 디지털 기술을 활용한 스마트 교육을 추진했다. 그 어느 나라보다 정부의 지원이 활발한 것으로 알려져 있는 만큼, 정부가 제시한 의제를 바탕으로 '스마트 교실Smart Classroom' 프로젝트가 시행 중이다. 특히 주 정부 차원에서 '디지털 교육 혁신 주도'라는 의제 아래 공립학교에 과감히 투자하여 최신 기술을 이용한 교육 환경을 조성하기 위해 노력하고 있다. 이는 급변하는 현대 사회에서 학생, 교사, 학교 등 모든 교육의 주체가 이러한 변화에 대응하고 기술 기반의 교육 환경을 구축하여 향후의 문제점들을 타개하기 위함이다. 따라서 각 주 정부는 자신들의 교육 환경에 맞는 교육 방법을 채택했으며, 퀸즐랜드 주의 경우 스마트 교실 프로젝트를 시행했다.

프로젝트의 주된 목적은 최신 기술이 구비된 교육 환경을 조성하려는 것으로, 교육을 디지털화하고 전체 교육의 문화적 변화를 도모한다. 그리고 학생들의 잠재력을 보다 잘 발굴해내기 위하여 혁신을 추구하고 있으며, 교육 생산성을 향상시키기 위해 주력하고 있다.

보다 구체적으로 살펴보면 크게 디지털화, 전문 인력 양성, 학생 지원, 인프라 구축의 네 가지 분야로 나누어 볼 수 있다. 디지털화를 위한 기본 환경 구축은 변화하는 디지털 시대에 다양한 툴을 제공하여 교사와 학생들이 성공적으로 변화된 환경에 적응할 수 있도록 교육을 디지털화하는 것이다. 따라서 각 학교 부서, 인력에 관한 정보를 제고하는 포털 서비스를 만들고, 학생과 교사, 학교, 커리큘럼, 성과, 재무 등에 관한 모든 정보를 제공하는 웹 정보 관리 시스템을 구축한다. 이 외에도 교사와 학생들이 자유롭게 콘텐츠를 공유할 수 있는 개인화된 교육 플랫폼을 구축하고, 이를 지원하기 위한 기술 담당 인력을 배치한다.

다음으로 e-러닝 활성화를 위해 교사와 전문 인력을 양성하는 것이다. 교사들이 교육 정보화에 발맞춰 학생들을 교육할 수 있도록 다양한 가이드라인을 제시하고, ICT 활용 교육을 성공적으로 실행한 우수 교사를 매년 지역별로 선정하여 포상한다.

그리고 학생들을 지원하기 위한 교육 콘텐츠 집합소 등을 만든다. e-커리큘럼을 만들어 학생과 교사가 모두 사용할 수 있는 콘텐츠와 교육 자료 집합소를 제공하며, 학생들이 언제 어디서나 교육 콘텐츠를 생성하고 공유할 수 있는 학생 중심의 디지털 플랫폼도 개발한다.

끝으로, 교육 정보화를 위한 인프라를 구축하며, 디지털 기기와 관련 인프라를 효율적으로 관리한다. 모든 교사들에게 노트북을 배포하고, 디지털 기기의 구매와 관리를 돕는 시스템을 개발한다.

이러한 노력의 결과를 한눈에 살펴볼 수 있는 사례가 있다. 퀸즐랜드의 햄블던공립학교는 정보 통신 기술을 이용한 학습 커리큘럼을 제공하고 가상 교실 환경을 구축하여 온라인 수업을 위한 기반을 마련했다. 그 결과 학교 수업의 질에 대한 학생과 학부모의 만족도가 각기 80%, 93%에 달했다. 그리고 2009년 기준으로 읽기, 쓰기, 받아쓰기, 문법, 말하기, 산수 등 모든 분야에서 여타 학생들의 평균보다 높은 점수를 기록했다.

　지금까지 다른 나라에서 진행 중인 스마트 교육 사례들을 살펴보았다. 현재 우리나라의 스마트 교육은 가장 선진화된 교육 정책으로, 앞서 언급한 나라들을 비롯한 세계 여러 나라의 주목을 받고 있다. 우리나라가 2015년을 목표로 진행하고 있는 스마트 교육 정책은 상당 부분 이러한 외국 사례의 장단점을 분석한 뒤 우리나라의 상황에 맞게 수정하고 보완하여 만들어진 것이다. 또한 정부가 정책을 주도하지만 집행 과정에서 학생과 학부모, 그리고 유관 기관과 전문가들에게 열려 있는 자세를 취하여, 의견을 수렴하고 협조를 구하면서 새로운 사례를 만들어 가고 있다.

디지털 기술은
우리 아이들을 어떻게 변화시켰는가

　제록스Xerox의 유명한 과학자인 존 실리 브라운John Seely Brown은 15세 학생들을 대상으로 미래의 작업 환경과 학습 환경을 설계한 사람이다. 그는 근래 학생들이 과거와 같이 수동적으로 지식을 받아들이지는 않는다고 주장하며, 전통적인 학습자상이 더 이상 유효하지 않다고 말한다. 새로운 세대에 맞는 새로운 교육이 필요하다는 것인데, 그가 말하는 새로운 세대에 대해서 살펴보는 것도 의미 있는 일일 것이다.

　다음은 존 실리 브라운이 쓴 '성장하는 디지털 세대'라는 제목의 글을 요약한 것이다.

　오늘날의 젊은이들을 보라. 그들은 어떤 존재인가? 이들은 현재 학교의 고객이자 내일의 평생 학습을 위한 고객이다. 그렇기에 이러한 문제는 반드시 짚고 넘어가야 한다. 대략 4년 전, 우리는 제록스의 팔로알토 연구 센터에서 함께 연구원으로 참여할 15세 아이들을 모집했다. 그들에게 두 가지 일을 주었는데, 하나는 미래에 자신들이 일하고 싶은 작업 공간을 설계하는 일이고, 하나는 미래의 학습 공간을 설계하는 일이었다. 이를 통해 우리는 아이들을 관찰할 수 있는 절호의 기회를 갖게 되었다. 그런데 이들이 생각하는 방식뿐만 아니라 설계한 결과는 실로 놀라웠다.

첫 번째 특징적인 변화는 소양Literacy과 그 변화 양상에 있었다. 오늘날 소양은 단순히 글뿐만 아니라 이미지와 영상을 해석할 수 있는 능력도 포함하고 있다. 멀티미디어 텍스트를 읽을 수 있고 새로운 다중 매체 장르에 익숙해질 수 있는 것 역시 결코 사소한 능력이라고는 볼 수 없다. 그러나 우리는 오랫동안 이러한 능력들을 경시해 왔다. 쉬운 예로 영화를 보는 것이 아무런 기술도 필요하지 않다고 생각하는 것이 그렇다.

만약 10년 동안 외부와 단절된 채 고립되어 있다가 사회로 돌아와 영화를 본다고 생각해 보자. 이는 매우 혼란스럽고 심지어 불쾌하기까지 한 경험이 될 것이다. 심지어 일상적으로 보는 신문의 헤드라인조차 10년 전과는 완전히 다를 것이다. 더욱이 웹 장르는 몇 달마다 바뀌고 있으니 그 충격은 더할 것이다.

글과 이미지를 아우르는 새로운 소양은 일종의 정보 탐색 능력이다. 미래의 실질적인 소양은 정신없고 복잡한 정보의 바다에서 필요한 정보를 걸러 내는 방법을 터득하고 그에 익숙해지는 것에 있다. 즉, 우리 각자가 사서로서의 역할을 해야 하는 것이다. 이렇듯 '정보 탐색'은 21세기 소양의 기본이 될 것이다.

두 번째 특징적 변화는 학습과 관련이 있다. 우리들 대부분은 권위적인 학교에서 일방적인 강의 위주의 형식적인 수업을 받았다. 그러나 지금 인터넷을 통해 각종 유용한 정보를 갖고 있는 우리는 검색에 기초한 보다 나은 새로운 종류의 학습 방법을 찾고 있다. 항시 신속한 디지털 도서관을 이용하여 새로운 정보들을 검색하고 있는데, 실제 웹 서핑은 '인포테인먼트Infotainment'라는 용어를 만들어내며 학습과 오락의 개념을 모호하게 하고 있다.

그러나 정보 탐색과 병행되더라도 검색에 기반을 둔 학습은 앞으로 설명할 세 번째 변화(추론 방식과 관련된 미묘한 변화)에 비하면 그리 큰 변화는 아니다. 전통적으로 이성은 추론적이고 추상적인 것과 관련이 있었다. 그러나 디지털 매체들을 활용해서 일하는 아이들을 관찰하면서 우리는 추상적인 논리 그 이상의 브리콜라주Bricolage(손에 닿는 대로 아무것이나 이용하는 일 또는 그렇게 해서 만든 작품)를 알게 됐다. 한 세대 전보다 더 오래 전 클라우드 레비-스트라우스Claude Levi-Strauss에 의해 연구된 브리콜라주 개념은 구체적인 것과 관련이 있다. 그것은 사물, 도구, 문서, 코드의 일부와 같은 것들을 찾을 수 있는 능력과, 중요하다고 생각하는 것을 만드는 데 그것을 이용할 수 있는 능력과 관련이 있다. 이때 판단력은 효과적인 디지털 브리콜러(브리콜라주를 하는 사람)가 되기 위해 필수적이다.

마지막 특징은 전반적으로 드러나는 행동과 관계가 있다. 새로운 시스템이 사회에 흡수되는 방식을 지켜보는 것은 흥미롭다. 인터넷에 능숙한 아이들의 흡수 방식이나 학습 과정은 예전과는 상당히 다르다. 아직까지도 내가 속한 세대는 무엇이 됐든 사용하는 방법을 미리 알고 나서야 그것들을 작동시켜 보려고 한다. 가전제품이나 소프트웨어를 사용하는 방법을 모르면 본능적으로 사용 설명서를 보거나, 정규 교육 과정을 듣거나, 전문가에게 전화를 하는 것이다.

그러나 똑같은 상황에서 15세 아이들에게 설명서를 주거나 교육 과정을 들으라고 한다면, 당신은 순식간에 외계인 취급을 받을 것이다. 그들은 바로 전원을 켜고, 안을 들여다보고, 만지작거리며 작동되는 방식을 지켜본다. 그래도 안 되면 인터넷을 사용해서 관련 사이트에 접속하고 기웃거리며 다른 사람들이 그것을 어떻게 작동시키는지 알아낸 후 스스로 해본다.

이러한 행동 패턴은 정보 탐색, 검색 그리고 판단과 같은 모든 것들이 행해지는 상황에서 동일하게 나타난다. 예를 들어 당신은 스스로 무언가를 해보려고 수없이 시도했던 적이 있었는가? 디지털 세대의 행동 특성을 따른다면, 우선 반드시 상황에 초점을 맞춰야 한다. 학습은 행동으로 나타난다. 그것은 일반적으로 느끼는 것보다 훨씬 사회적이고, 구체적이며, 판단과 탐색으로 얽혀 있다. 인터넷은 정보 자원이자 사회 자원일 뿐만 아니라 사회적으로 구성되고 공유된 지식이 있는 학습 매체다. 그러한 매체를 통한 학습은 활동과 지식 창출의 일부가 된다.

[참고자료. Building 21st. Century Schools. 교육과학기술부. 재인용]

2부

21세기형 인재를 기르는
스마트 교육

미래는 어떤 인재를 원하는가

사실 새로운 학교가 필요한 이유는 사회에서 새로운 인재를 필요로 하기 때문이다. 21세기가 요구하는 인재상이 과거와 다르다는 것은 분명하다. 게다가 사회는 과거보다 다원화되어 직업의 종류도 다양해졌다.

또한 기계가 예전에 인간이 하던 많은 일들을 대신하면서, 창의성이나 감성이 더욱 중요한 시대가 되었다. 무엇보다도 21세기에 들어서면서 정보 통신 기술의 발전으로 커뮤니티가 폭발적으로 증가하여 소통하는 능력이 매우 중요해졌다.

여기서는 이처럼 변화된 사회가 어떤 인재를 필요로 하는지에 대해서 정리해 보도록 하겠다.

성공의 기준이 변하고 있다

지금까지 우리 부모님 세대들은 자녀들이 무엇을 원하는지는 상관없이, 어느 대학이든 반드시 보내야 한다는 마음으로 자녀들을 교육시켰다. 부모들은 하나같이 전공보다는 학교를 우선시했고, 대학은 무슨 일이 있어도 반드시 보내야 한다는 관념에 사로잡혀 있었다. 부모의 입장에서는 자녀가 좋은 고등학교, 좋은 대학교를 졸업하고, 좋은 회사에 취직해서 높은 연봉을 받는 것이 성공의 기준이었기 때문이다.

하지만 앞으로 성공의 기준은 이와는 많이 다를 것이다. 대학을 가든 가지 않든, 자신이 원하는 분야를 선택해서 공부를 하고, 각자의 분야에서 전문가가 되어 스스로 얼마나 만족하는 일을 하면서 살아가느냐가 성공의 기준이 될 것이다. 문화적으로도 그런 개인을 존중하고, 경제적으로도 더 많이 보상받을 수 있는 시스템이 마련될 것이다. 앞으로는 학력이 아니라 전문성으로 개인의 능력을 평가하는 시대가 올 것이고, 이미 그런 시대가 오고 있다.

잉글랜드 볼튼 원더러스 FC에서 활약하고 있는 이청용은 우리나라를 대표하는 국가 대표 축구선수지만, 그의 학력에 대해 아는 사람은 많지 않다. 이청용 선수가 가진 최고의 능력은 축구다. 만약 이청용 선수를 학력으로 평가한다면 그는 중학교를 중퇴했을 뿐이다. 최근 화두가 되고 있는 프로그램인 'K팝 스타'에 나오는 많은 스타들을 평가하는 기준은 대학 졸업장이 아니다. 그들을 평가하는 JYP 엔터테인먼트 박진영 대표의 학력 역시 크게 알려져 있지는 않다. 미국 하버드대학교의 정치학 박사학위를 받은 A씨는 학교에서 구내식당을 차리고 번성한 사업가로 변신했다. 청운의 꿈을 품고 하버드대학교에 들어갔지만, 일반적인 기대와 달리 그는 자신이 진정으로 원하는 삶을 선택한 것이다.

사회적으로도 전문인을 길러내는 데 주력하는 분위기가 만들어지고 있다. 최근의 조사에 따르면, 우리나라에 있는 직업의 종류는 4만 5천여 개 정도라고 한다. 하지만 학생들을 대상으로 직업에 관한 인식 조사를 해보면 알고 있는 직업의 수는 50개 정도에 불과하다. 학부모에게 당신의 자녀가 갖게 될 직업이 무엇이라고 생각하는지 묻는다면 50개도 채 안 될지도 모른다. 변호사, 판사, 의사, 대기업 직원 등 몇 개의 범주에서 크게 벗어나지 않을 것이고, 그마저도 부분적으로 치우친 모습일 것이다.

같은 맥락에서 청년 실업이라는 것도 왜곡된 부분이 있다. 우리나라의 경우 누구나 어떻게든 대학을 가려고 해서 대학 진학률이 80%가 넘지만, 그만큼 중퇴율도 높고 전공에 대한 만족도도 낮은 편이다. 그리고 특정한 직업만을 선호하기 때문에 실업률이 높을 수밖에 없다. 무작정 대학에 진학한다고 해서 성공을 하거나 취업이 보장되는 것이 아닌데, 아직도 많은 학부모와 일반인들이 과거의 고정관념에서 벗어나지 못하고 있는 실정이다.

4만 5천여 개의 직업 중에는 대학을 졸업하지 않아도 할 수 있는 일이 많을 것이다. 그러나 현실에서는 초·중·고에서 직업에 대한 다양한 정보를 제공해 주지 않기 때문에 학생들은 어떤 직업이 있는지 알 수가 없다. 이는 사회적 책임이 크다고 생각한다. 교육 관계자를 포함한 우리 사회는 아이들에게 직업과 관련된 다양한 경험과 정보를 제공하고, 그들이 스스로 진로를 선택할 수 있도록 지원할 의무가 있다.

4만 5천 개까지는 아니더라도 여러 직업에 종사하는 전문가를 찾아 학생들과의 만남을 주선하는 일은 정부 기관을 포함해서 사회를 이끌어 나가는 성인들이 마음만 먹으면 충분히 할 수 있는 일이다. 그리고 그러한 사회적 책임을 다하기 위해서 많은 전문가들이 자신의 재능을 기꺼이 기부할 수 있는 문화가 형성되어야 한다. 전문가들은 자신이 얻게 된 전문적인 능력과 그에 따른 경제적인 성취가 혼자의 힘으로만 이루어진 것은 아님을 깨달아야 한다. 그렇기 때문에 사회적인 책임 의식을 가지고 자신의 재능을 사회에 일부라도 환원하려는 노력을 기울여야 하는 것이다. 이 모든 조건이 충족될 때 아이들은 그러한 전문가들을 통해서 더 많은 직업을 알게 되고, 사회의 더 많은 분야가 발전하여 새로운 직업들이 생겨날 수 있다. 그에 따라 산업이 전반적으로 활성화되면서 사회적으로도 가치 창출이 더 많아질 것이다. 그러한 선순환 구조를 만드는 것이 우리 어른들의 몫이다.

각 분야의 전문가가 자신이 가진 전문적인 지식뿐만 아니라 자신이 그 자리에 오르기까지의 다양한 경험들을 들려준다면 아이들은 훨씬 더 쉽게 자신의 진로를 찾고, 훨씬 더 빠르게 전문성을 기를 수 있을 것이다.

세상과 자유롭게 소통하라

21세기를 살아갈 아이들은 우리와 다른 사고방식을 가지고 다른 생활을 할 것이다. 지금도 이 사회는 아이들로 인해서 조금씩 바뀌어 가고 있다. 교육 역시 정해진 지식을 단순히 암기하는 차원을 넘어서 새로운 역량이 필요한 시대가 되었다.

새로운 시대에는 집단 지성의 중요성이 강조된다. 다가올 시대를 살아갈 아이들에게 있어 본인만 알고 있는 지식은 온전한 지식이라고 할 수 없다. 따라서 함께 만들어 나가는 지식에 대한 올바른 자세가 필요하다. 이제는 여러 사람들이 지식을 공유하여 실시간으로 평가받고, 검증된 지식만이 제대로 된 지식으로 인정받는다. 그렇기 때문에 이 시대에 가장 중요한 것은 소통하는 능력이다. SNS를 활용하든 인터넷 검색이나 블로그를 활용하든 소통을 통하지 않는 지식은 가치를 부여받기 힘든 것이다.

우리 아이들이 과거의 방식대로 획일적인 읽기, 쓰기, 셈하기 교육을 받는 것만으로는 부족하다. 물론 그런 기본적인 능력도 필요하겠지만, 이제는 여기에 더하여 다른 사람과 소통하는 능력, 협업 능력, 창의력과 인성과 같은 역량이 더욱 중요하게 평가받고 요구된다는 것이다. 호주의 경우에는 이미 2000년대 초반에 교과목을 수학, 국어, 사회와 같은 형태로 나누지 않고 위의 역량들을 바탕으로 새로 구성했다.

앞으로의 시대를 살아가기 위해서는 단순히 암기하는 식의 공부 방법으로는 한계가 있고, 훨씬 더 방대한 콘텐츠에 접근하는 역량을 키워야 한다. 예전처럼 정형화된 교과서에 얽매인 공부를 해서는 우물 안 개구리 신세를 벗어나지 못할 것이다.

지금도 숱한 사례들을 통해서 알 수 있듯이 더 이상 학교에서의 1등이 사회에서 1등인 시대는 오지 않을 것이다. 학교 성적이 우수하다는 것은 다양한 장점 중의 하나에 불과하게 될 것이고, 학교에서 배우는 것 이외의 지식, 학교 성적 이외의 역량들이 더 중요해질 것이다. 우리 교육도 이에 발맞춰서 바뀔 것이고, 이미 그렇게 진행되고 있다. 따라서 학부모들도 더 이상 줄 세우기 식 교육에 매달려서는 안 된다. KERIS 역시 많은 이들이 꿈꾸는 소위 '신의 직장'에 해당하는 공기업이지만, 학벌 위주가 아닌 전문적인 능력 위주로 채용한다. 높은 직위에 있으면서 오래 살아남는 인재 역시 학벌이 뛰어난 사람이 아니라, 하나라도 더 배우려는 자세로 자신의 전문 분야에서 뛰어난 성과를 보이는 이들이다. 사회의 모든 분야에서 성적에 따라 인재를 선발하는 전통으로부터 벗어나는 흐름을 보이고 있는 것이다. 따라서 학생들은 더 이상 학교 수업을 단순히 암기하는 것만으로는 성공할 수 없음을 명심해야 한다.

실전형 기술을 보유하라

학벌은 더 이상 21세기형 인재를 위한 필수 조건이 아니다. 그러므로 우리 사회 전반에서 학벌 위주의 문화를 개선하려는 노력을 기울여야 한다. 이런 학벌 중심 풍토에서 벗어나려면 고등학교에서부터 취업에 이르기까지의 경로를 개선해야 할 필요가 있다. 앞서 이야기한 것처럼 대학을 가지 않아도 일할 수 있는 직업군들은 숱하게 많다. 그런데도 사회적인 분위기에 편승하여 대학을 보내려니, 학생은 하기 싫은 공부를 하면서 불만족스럽고 괴로운 학창시절을 보내야 하고, 학부모는 비싼 등록금과 사교육비를 마련하기 위해서 허리가 휘어지는 것이다. 이런 문제를 개선하기 위해 사회 각계에서 다양한 노력들이 펼쳐지고 있다. 그중에서도 대학을 보내는 가장 주요한 목적인 취업 문제를 전문화된 고등학교를 통해서도 해결할 수 있도록 만든 마이스터고등학교가 대표적인 예다.

2012년 3월《매일경제》에는 다음과 같은 기사가 실렸다.

2010년 19.2%였던 전문계고 학생 취업률이 작년에 25.9%로 부쩍 올라 갔다. 대학 진학자를 뺀 순수 취업 희망자 중 63.6%가 직장을 얻었다. 올 해는 전문계고 취업 희망자 취업률이 88.6%까지 솟았다. 포스코, 삼성, KDB 등 대기업과 금융권, 공공 기관들이 올해 뽑기로 한 '좋은 고졸 일 자리'도 작년보다 9800개나 늘어났다.

이와 같은 고졸 채용 붐이 반짝 열기로 끝나지 않으려면 기업과 전 문계고등학교 교육 현장이 직접 연결되어야 한다.

21세기형 인재가 가져야 할 5C

기존에 많은 학자들이 언급했고 여러 곳에서 산발적으로 다뤄졌 던 내용들이지만, 21세기형 인재가 가져야 할 역량들을 간단히 정리 해 보면 크게 5C로 정리할 수 있다.

5C라고 한 이유는 각 역량에 대한 영문의 첫 글자가 모두 C로 시 작하기 때문인데, 이는 창의성Creativity, 비판적 사고Critical Thinking, 의사소통 능력Communication skill, 협업 능력Collaboration, 시민 의식 Citizenship이다. 여기에 한 가지를 덧붙이자면 정보 기술Information Technology 역량도 포함할 수 있다.

간단하게 그 내용을 살펴보면 첫째, 창의성이 의미하는 것은 앞으로의 사회에서는 정형화된 사고방식보다는 문제를 해결하기 위해서 같은 문제와 사실을 여러 가지 관점에서 바라보고 색다른 답을 내놓을 수 있는 창의력이 뛰어난 인재가 성공한다는 것이다.

둘째, 비판적 사고란 어떠한 결론을 도출하는 데 있어서 충분한 근거를 가지고 사안을 분석적으로 보는 능력이다. 즉, 비판적 사고를 가지고 객관적인 데이터를 바탕으로 자기 나름대로 정리할 수 있는 역량을 말한다.

셋째, 의사소통 능력은 자신이 생각하는 바를 누군가에게 잘 전달할 수 있는 능력이다. 넷째, 협업 능력은 단순히 인간관계가 좋은 것을 뛰어넘어 어떤 프로젝트를 수행하는 데 있어서 상호 간의 갈등을 잘 조정하여 협력할 수 있는 능력이다. 이 협업 능력은 과거에는 단순히 사람들과 싸우지 않는 능력이었지만, 이제는 어떤 목표를 달성하기 위해서 주위 사람들과 잘 협동하는 능력으로 새롭게 정의되고 있다. 가령, 우리나라 기업의 한 사람이 싱가포르에 있는 마이크로소프트와 프로젝트를 진행한다고 하자. 이때 온라인으로 자료도 주고받고, 마치 옆에 있는 것처럼 회의도 하면서 해당 프로젝트를 얼마나 잘 수행하느냐가 그 사람의 협업 능력을 말하는 것이다.

21세기형 인재에 대해서 어떤 연구를 하든 빠지지 않는 공통적인 역량이 이 네 가지 역량이다. 그리고 이 네 가지 역량은 상호 완전히 분리해서 이해될 수 있는 것이 아니라 하나의 고리로 연결되어 있다.

의사소통을 예로 들면, 단순히 날씨에 대한 이야기를 나누는 것이 아니라 창의적인 사고를 가지고 비판적으로 문제를 인식하는 과정을 통해 프로젝트에 대해 상호 협력하면서 의사소통하는 것이다. 이처럼 21세기형 미래 인재가 가져야 할 역량은 프로젝트 수행 능력, 문제 해결 능력과 항상 연관 지어 생각해야 한다. 새로운 시대의 문제를 해결할 수 있는 역량을 가진 인재를 길러야 한다는 것이다.

그리고 윤리나 인성과 관련된 역량이 시민 의식이다. 시민 의식은 기본적으로 남을 배려하고 포용하면서 공감할 수 있는 역량을 말한다. 공감 능력은 감응력이라고도 표현하는데, 누군가 아프고 불쌍한 것을 보았을 때 그것을 자신의 일처럼 느낄 수 있는 역량이다. 이런 역량이 극단적으로 부족한 사람을 '사이코패스'라고 하는데, 그런 사람들이 많은 사회는 불행해질 수밖에 없다.

시민 의식까지 갖춘다면, 한마디로 일도 잘하면서 인간성도 좋다고 볼 수 있을 것이다. 어쩌면 개성이 강한 요즘 아이들에게 가장 필요한 것이 이 시민 의식이라고 하겠다. 인성은 어느 시대에나 가장 기본적인 역량이라고 할 수 있다. 지성만으로는 전인적인 인간이 될 수 없으나 지성과 감성, 공감 능력을 모두 갖추면 사회를 지속 가능하게 만드는 유능한 미래 인재가 될 수 있을 것이다.

미래 사회의 가장 큰 특성 중 하나는 불확실성이다. 그래서 무언가를 판단하기가 매우 어렵다. 사실 성인들도 이런 점을 어려워한다.

회사 근처에 가 보면 직장인들이 점심을 어디에서 먹을지 결정하지 못해서 우왕좌왕하는 모습을 쉽게 볼 수 있다. 이는 현대 사회의 가치관이 다양해졌기 때문이다. 나의 가치관이 정립되었다고 해서 문제가 끝나는 것이 아니다. 다른 사람의 가치관과 조율하면서 결정을 내려야 한다. 그런 일들이 매순간 일어나는 것이 현대 사회다. 따라서 어떤 집단, 어떤 장소, 어떤 상황에서 반드시 지켜야 할 기본 규칙을 잘 알려 주는 것이 중요하다. 그것이 바로 시민 의식이다. 무엇이 '옳다' '그르다'라고 정답을 알려 주는 것이 아니라, 그것을 판단할 수 있는 능력을 길러 주어야 한다. 그런 능력을 기르기 위해서 토의 토론 학습과 같은 새로운 학습 방식이 중요하다. 이렇듯 시민 의식을 함양하는 것도 21세기 인재가 가져야 할 중요한 역량 중의 하나다.

마지막으로 최근에 가장 주목받고 있는 정보 기술 역량에 대해서도 생각해 보자. 정보 기술 역량은 새로운 기술을 잘 다루면서 보다 빠르게 유용한 정보에 접근하는 역량이다. 물론 여기에는 정보를 잘 해석하는 역량도 포함된다. 신기술을 이용해 소위 '팩트Fact'를 빨리 찾아내는 역량, 그리고 그렇게 찾아낸 정보들을 창의적인 시각으로 식별하고 재조합해서 유의미한 새로운 정보를 만들어내는 것이 바로 정보 기술 역량인 것이다. 이러한 역량을 갖추게 되면 다변화하고 급변하는 현대 사회에서 복잡다단한 문제를 보다 잘 해결할 수 있을 것이다. 이것은 과거에는 없었던, 새로운 시대가 요구하는 역량이라고 할 수 있다.

이와 같은 여섯 가지 역량은 앞으로의 시대를 살아갈 우리 아이들이 반드시 갖춰야 할 역량이다. 따라서 앞으로 시행될 스마트 교육은 이러한 21세기형 인재를 위한 역량을 제도권 교육하에서 증폭시켜 주는 역할이라고 하겠다.

아이가 행복한 교실 혁명, 스마트 교육

영국의 교육부 장관이 어느 연설 도중 10년 후에도 지금처럼 일렬로 앉는 교실에서 수업이 이루어질 것이라고 생각하는지 질문을 던진 적이 있다. 이는 영국뿐 아니라 전 세계적으로 새로운 교육이 시작되고 있다는 중요한 메시지를 전달하려고 한 것이다. 우리나라가 선망하는 세계적인 교육 선진국으로 알려진 핀란드의 경우, 경쟁보다는 개별화된 맞춤 학습을 통해 각종 교육 문제를 해결하고 있다.

우리나라는 PISA 2009 DRADigital Reading Assessment 즉, 디지털 매체 읽기 검사에서 참여한 19개국 중 1위를 차지했으며, 2012년에도 역시 1위를 했다. 우리 학생들의 실력은 OECD 평균 점수인 499점보다 69점이 높았고, 상·하위 학생 간의 점수 편차도 매우 작은 것으로 나타났다. 우리 학생들이 이렇게 첨단 디지털 기기에 익숙하고, 온라인 네트워크에 탁월한 재능을 가진 세계적인 인재로 성장하고 있다는 것은 다르게 말하면, 그만큼 다른 방식의 소통에 이미 익숙해져 있다는 것을 의미한다. 그러나 이런 우리 아이들이 교육 선진국에 뒤처져 있는 부분이 있다. 바로 사고력과 창의성이다. 배운 지식을 암기해서 시험 문제를 푸는 능력은 전 세계적으로 뛰어나지만, 문제 해결력이나 새로운 것을 창조해내는 능력은 아직 많이 부족하다는 의미다.

교실이 바뀌지 않으면 대한민국의 교육에 희망은 없다. 전 세계에서 가장 먼저 정부 주도의 '스마트 교육'이 추진되고 있는 배경에는 이러한 위기의식도 한몫을 하고 있다.

스마트 교육은 개인별 맞춤형 교육이다

'스마트 교육'이라고 이야기하면, 단순히 기술을 기반으로 한 기계 중심적 교육으로 착각하기도 한다. 하지만 진정한 의미의 스마트 교육은 발전된 기술을 활용해 앞으로 어떤 방향으로 교육이 바뀌어야 할지에 대한 단단한 철학을 바탕으로, 앞서 설명한 사회적 변화의 흐름 속에서 탄생한 교육이다. 또한 기술 중심이라기보다는 오히려 교육을 배우는 학습자 중심의 교육이며, 교육 본연의 의미를 되새기는 교수자 중심의 교육이다.

스마트 교육 환경에서 가장 큰 변화로는 개인에게 최적화된 맞춤형 교육을 들 수 있다. 지금까지의 교육이 획일화된 지식을 전달하여 기억시키는 것이었다면, 스마트 교육은 개인의 수준과 역량에 맞춤화된 교육인 것이다. 예를 들어, 현재 수학 교과서에서 1 더하기 2를 사탕 그림으로 설명하고 있으면 전국에 있는 모든 학생들이 똑같은 사탕 그림으로 덧셈을 배운다. 하지만 스마트 교육 환경에서는 배 그림으로 배우고 싶으면 배로, 책 그림으로 배우고 싶으면 책이 그려진 그림으로 배울 수 있게 되는 것이다. 이렇게 아이의 관심사와 흥미를 고려해 개별화된 교육이 스마트 교육의 가장 큰 핵심이다.

또한 맞춤화 교육이 가능하기 때문에 정해진 목표에 따라 일방적으로 끌고 나가는 교육이 아닌 기다려 주는 교육이 가능하다. 다른 과목에서는 문제가 없는데 초등학교 고학년이 될 때까지 손가락으로 덧셈을 하는 아이가 있다면, 조금 더 시간을 두고 제대로 된 방법을 가르치면서 기다려 주는 것이 진정한 교육일 것이다. 하지만 지금의 교육은 아이들의 발달 과정에 따른 개인차를 이해해 주지 못한다. 단지 똑같은 기준으로 평가해서 성적의 우열만을 가릴 뿐이다. 이렇게 학년별로 수준에 따라 기본 학습 목표를 익히고 넘어가는 것은 후에 더 성장할 수도 있는 아이들이 발전할 수 있는 기회를 빼앗는 것이나 다름없다. 요즘 여학생들의 상위권 독식이나 남학생을 둔 학부모들의 남학교 선호 현상 역시 남녀 학생 간의 발달 차이를 기다려 주지 못하는 교육에서 비롯된 기현상이라고 볼 수 있다.

한 예로 매번 수학 시험에서 20점, 30점을 면치 못하는 5학년 학생이 있었다. 이를 이해하지 못한 부모가 그 원인을 알고 보니 아이가 그때까지 구구단을 못 외웠던 것이다. 그때까지 학부모는 나름의 학교 교육을 신뢰하여 학원에 보내지 않았고 교사는 당연히 5학년이면 알고 있으리라 생각하고 넘어가다 보니, 누구도 아이의 문제에 대해 정확한 진단과 처방을 해 줄 수 없었던 것이다. 만약 5학년이 구구단을 못한다면 다시 2, 3년 전 과정으로 돌아가 구구단을 외우게 해 주면 된다. 그런데 현재 제도권 교육은 그 학생에게 5학년 과정만을 가르치고 있기 때문에 아이는 열등생의 자리에서 벗어나기 힘들다. 만약 이 문제를 인식하지 못하고 중학교와 고등학교에 진학하게 된다면 아이의 미래는 어떻게 될까?

개별화된 스마트 교육 환경에서는 기존의 학년 개념마저 과감하게 무너뜨릴 수 있다. 또한 아이의 수준과 발달 과정에 맞게 교육할 수 있으며 부족한 부분에 대한 정확한 진단도 가능하다. 기존의 교육 환경에서 결코 제공할 수 없었던 것들을 개별 학생에 맞게 제공할 수 있는 것이다.

스마트 교육은 모두에게 기회를 주는 교육이다

개별화, 맞춤화 교육을 통해서 스마트 교육이 달성하려는 목적 중 하나가 평균보다 뒤처지는 학생들을 끌어 올리는 것이라면, 다른 하나는 다양한 학습 욕구를 가진 학생들에게 보다 풍성한 학습 기회와 환경을 제공함으로써 원하는 적성과 진로를 찾을 수 있게 하는 것이다.

현재의 교육은 모든 강의가 대학에 들어가기 위한 교육에 초점이 맞춰져 있다. 또한 대학 자체에 들어가는 것이 목표가 되다 보니, 자신의 관심사나 흥미를 고려해 전공이나 진로를 정하고 그에 맞춰 준비하는 경우도 드물다. 동시에 대학을 선택하지 않은 아이들의 경우에는 원하는 것을 배우고 싶어도 공교육에서 배제되는 상황이다. 특히 고등학교에서는 이런 경향이 더욱 강하다. 어떤 학생들에게는 고등학교 교육이 생애 마지막 제도권 교육이 될 수 있다. 따라서 대학 진학이 목표가 아닌 아이들이 진정으로 배우고 싶은 것을 학습하기 위한 충분한 기회가 마련되어야 하는데도 현행 제도 교육은 그러한 수요를 충족시키지 못하고 있다.

사회가 다원화되면 이러한 학생들의 요구는 더욱 거세질 것이다. 스마트 교육 시대에는 학생들의 다양한 요청 사항을 사교육이 아닌 제도권 교육에서 해결해 줄 수 있게 된다. 더 깊이 있는 공부를 원하는 아이들에게 그만큼 깊이 있는 학습을 제공하고, 기본 교과 과정 이외의 것을 학습하고자 하는 아이들에게는 다양한 학습 환경을 제공하는 것이다. 그렇게 되면 대학에 진학을 하든 그렇지 않든 간에 그 학생이 자신의 진로와 직업을 선택하는 데 큰 도움을 받을 수 있다.

우리나라 최고의 학부 과정이라고 할 수 있는 서울대학교는 2013년부터 수시 전형을 통해서 80% 이상의 학생을 선발하겠다고 발표했다. 특히 음악대학, 미술대학, 수의과대학, 사범대 교육학과, 윤리·수학교육과, 자연대의 화학·지구환경과학부 등은 100% 수시 모집으로만 선발한다고 한다. 정형화된 입시를 보지 않고 학생들을 선발하겠다는 이야기다. 이 발표를 담당했던 서울대학교 관계자의 말을 살펴보면 앞으로 학부모의 교육 방침이 왜 스마트 교육에 초점을 맞춰야 하는지 명확하게 알 수 있다.

사회가 추구하는 인재관이 변했음을 반영하는 것이다. 과거의 양적 성장 사회에서는 지식 중심의 '시험 잘보는 사람'이 필요했지만, 이제는 시대가 바뀐 만큼 애플의 스티브 잡스처럼 창의력 있는 인재, 주변을 배려하고 융합할 수 있는 인재가 필요하다. 자격시험화된 수능은 학생의 숙련도와 암기력을 판단하는 기준에 불과한데, 정시 모집은 촉박한 일정 속에서 수능 점수 위주로 평가하다 보니 학생들의 잠재력을 판단하는 데 어려움이 있었다. 잠재력 평가에는 학업 능력, 지적 호기심, 추진력, 책임감 등에 대한 종합적인 판단이 필요한 만큼 3개월여 동안 진행되는 수시가 적합하다.

선례에 비춰 보면 서울대학교에서 새로운 정책을 발표하면 여타 대학에서도 비슷한 지침을 내놓는 경우가 많았다. 사회가 요구하는 인재상에 맞춰 대학이 원하는 학생의 선발 기준이 변하고 있고, 그것은 우리 아이들이 다니는 초·중·고 교실의 모습에도 전향적인 변화를 요구할 것이다.

스마트 교육은 스스로 선택하는 교육이다

현재의 교육과 스마트 교육의 차이는 마치 과거에 사용하던 피처폰Feature Phone과 지금 사용하는 스마트폰Smart Phone의 차이와 같다고 할 수 있다. 피처폰은 제조 회사에서 만들어 준 형태 그대로 사용할 수밖에 없다. 프로그램 역시 처음에 설치되어 있었던 프로그램만 쓸 수 있다. 예를 들어 게임도 원래 설치되어 있는 게임만 할 수 있고, 지하철 노선도도 처음 개발할 때 만들어진 그대로만 사용할 수 있었다. 반면 스마트폰에서는 내가 원하는 것을 선택할 수 있다. 지하철 노선도도 선택해서 사용할 수 있고, 원하는 게임을 다운로드해서 즐길 수도 있다. 심지어 어느 정도 교육만 받으면 자신이 필요한 것을 직접 만들어서 사용할 수도 있다.

이와 같이 스마트 교육 환경에서는 디지털 교과서를 바탕으로 학생이 원하는 그리고 학생의 수준에 맞는 맞춤 학습을 할 수 있고, 필요한 내용은 교사가 직접 만들어서 추가하여 활용할 수 있다. 스마트폰에서 화면을 마음대로 구성할 수 있는 것처럼 스마트 교육은 교육 내용이나 과정을 교사가 필요한 만큼 학생 각자가 원하는 대로 자유롭게 바꿀 수 있는 것이다.

현재의 교육에 만족하는 학생보다 불만족하는 학생이 훨씬 많다. 성적을 기준으로 살펴보면 뒤처진 학생은 기초 학력이 부족하여 학습을 중도에 포기하는 경우가 많고, 성적이 우수한 학생은 학원 숙제를 학교에서 하는 등 제도권 교육에 무관심한 경향을 보인다. 이 모든 것이 학생들을 평균 수준에 맞춘 산업 사회 교육 제도의 결과물이다. 이런 상황이다 보니 대다수의 학생들은 만족스러운 교육을 받기 어려웠다. 앞서가거나 뒤처지는 것을 떠나서 교실에서 수업을 받는다는 것 자체가 자신에게 맞지 않는 기성복을 억지로 입어야 하는 것처럼 불편할 뿐이다.

이러한 교육 현실의 심각성은 세계의 교육 경쟁력 수준과 비교하면 금방 알 수 있다. 우리나라의 교육 경쟁력을 살펴보면 우리나라 학생들은 국제 학력 평가에서 1, 2위를 다툴 정도로 우수한 성적을 거두고 있다. 그러나 정작 'IMD 교육 경쟁력'이라고 하는 국가 전반의 교육 경쟁력은 30위 정도로 매우 낮은 단계에 있다.

암기 위주의 정형화된 교육과 획일적인 학생 평가와 입시제도 때문에 교육 경쟁력이 낮을 수밖에 없는 것이다. 무엇보다 주목할 것은 학생들의 학교 수업에 대한 만족도가 최악이라는 사실이다. 우리나라 학생이 학교에 머무는 시간은 주당 OECD 평균인 33시간보다 훨씬 많은 49시간이며, 학원 등 사교육에 참여하는 시간은 2009년 기준으로 세계 최장인 주당 7.4시간이라고 한다. 수치상으로만 보더라도 학생들이 잘못된 교육으로 인해 받고 있는 고통이 얼마나 심각한지 알 수 있다.

토니 블레어 전임 영국 총리의 자문이었으며 1997년부터 2001년까지 영국 교육부의 표준 및 효율성 담당 부서장이었던 마이클 바버Michael Barber는 한국의 교육에 대해 문제를 제기했다. 21세기 교육의 성공을 위해서는 발 빠른 개혁이 필요하며, 장기적인 관점에서 볼 때 현재 한국의 교육 제도는 한국 경제 전반의 경쟁력마저 약화시킬 가능성이 있다고 언급한 것이다. 이렇듯 해외의 석학들마저 한국의 교육에 대해 우려의 시선을 보내고, 교육 제도 개혁의 필요성을 강하게 제기하고 있는 상황이다.

이러한 인식을 바탕으로 스마트 교육의 방향이 설정되었다. 핵심만 정리하면 첫째, 획일화된 교육은 개별화된 교육으로 바꾸고, 둘째, 시간적 한계를 지닌 정형화된 지식은 적시에 필요한 지식을 습득하는 다양한 지식으로 전환하며, 셋째, 입시 중심의 교육은 창의성 중심의 교육으로 변화시켜야 한다.

이러한 목적을 달성하기 위해서는 입시 위주, 점수 위주의 정량적 평가를 학생 능력을 기술하는 정성적 평가로 전환해야 한다. 또한 서책형 교과서가 갖고 있는 지식의 한계를 디지털 교과서를 통해 다양하고 창의적인 지식으로 전환한다. 평균적인 학생을 위한 학교가 아닌 모든 학생을 위한 학교로 바꾸는 것이다. 그렇게 되면 뒤처진 학생들의 기초 학력을 보장하고, 새로운 시대에 필요한 우수 인재를 양성할 수 있다. 그렇게 되면 다양한 학생들의 수준과 요구를 반영하여 모두가 행복한 학교를 만들 수 있을 것이다.

이처럼 스마트 교육은 기술이 아니라 근본적인 사고방식의 전환을 바탕으로 한 철학을 더 중요시하는 정책이다. 학생의 적성과 소질을 고려하여 창의성 중심의 개별화 맞춤형 교육을 제공하면 실질적으로 모든 학생들에게 교육받을 수 있는 기회가 주어지고, 우수한 학생들의 역량은 더욱 신장되어 인재 대국의 꿈이 실현될 수 있을 것이다. 또한 창의적인 인재 양성으로 국가 경쟁력이 강화되며, 무엇보다 교육 주체들의 교육 만족도가 과거와는 비교할 수 없을 정도로 제고될 것이다.

스마트 교육은 지식과 소통하는 교육이다

스마트 교육이 전통적인 교육과 비교해서 지식의 습득 과정에 어떤 차이가 있는지, 교육의 각 단계별로 살펴보는 것도 스마트 교육을 이해하는 데 많은 도움이 될 것이다. 정보의 생산에서부터 기억, 이해를 넘어 최종적으로 정보의 재생산에 이르기까지 교육 단계별로 스마트 교육이 어떤 변화를 이끌어내는지 알아보자.

먼저 정보의 생산 단계에서 과거에는 서책형 교과서를 통해 정형화된 지식만을 배워야만 했다면, 앞으로는 디지털 교과서를 통해 자신에게 필요한 정보를 추가하여 자신만의 교과서를 만들 수 있다. 그리고 동영상과 같은 멀티미디어 콘텐츠도 추가할 수 있게 된다.

기억과 이해 단계에서도 예전에는 단순한 반복적인 암기 수준이었다면 앞으로는 자신에게 가장 적합한 다양한 사례, 예시 자료들을 통해서 쉽게 기억하고 이해할 수 있다. 보다 풍부하고 생생한 콘텐츠, 온라인을 통한 간접적인 체험을 통해서 실생활과 경계가 없는 지식을 학습하기 때문에 더욱 잘 이해하고 기억할 수 있는 것이다.

정보의 연계 측면에서도 서책형 교과서를 사용하던 과거에는 책을 여러 권 갖다 놓고 이 책 저 책을 찾아보는 수준이었다. 하지만 디지털 교과서는 교과 간 연계가 편리하고, 교과 내에서도 수준별 연계가 자연스럽게 이루어지기 때문에 관련 정보를 쉽게 찾아볼 수 있다. 이러한 교육 콘텐츠의 다양하고 강력한 연계는 학습자들에게 편의를 제공하고 창의력을 길러 주는 역할을 할 것이다.

정보의 분석과 종합 단계는 도구적인 측면에서 바라볼 수 있다. 온라인 솔루션을 이용해서 마인드맵을 그리기가 편하고, 무엇보다 학습자가 단독으로 자료를 분석하고 종합하는 것이 아니라 SNS 등을 통한 집단 지성을 활용할 수 있다. 때문에 보다 객관적이고, 편리한 방식으로 특정 사실에 대한 정보들을 종합하고 분석할 수 있다.

평가 단계에서는 예전에는 단일한 기준으로 일률적인 평가가 이루어졌다면, 스마트 교육에서는 복합적인 문항들을 통해 진단과 처방까지 가능한 실질적인 평가를 한다. 예를 들면 어떤 학생이 중간고사를 치렀을 때 점수를 알려 주는 것에 그치지 않고, 그 문제의 수준에 따라서 왜 틀렸고 어느 부분이 부족한지에 대한 진단을 내리는 것이다. 또한 그 부분을 어떻게 채워야 할지에 대한 처방 콘텐츠까지 제시한 후, 얼마나 향상되었는지를 시스템상으로 평가할 수 있다. 그뿐 아니라 부족한 부분에 대한 원인을 분석하고 처방을 내리는 정성적인 기술記述 형태의 평가를 개인 블로그 등에 남겨 줄 수도 있는 것이다.

끝으로 재생산 측면에서는 실시간으로 교과서 자체를 재생산할 수는 없겠지만, 집단 지성으로 만들어진 백과사전인 위키피디아를 연상하면 이해가 쉬울 것이다. 위키피디아처럼 교과서에 해당하는 연계된 교육 콘텐츠를 실시간으로 수정, 삭제, 보완할 수 있기 때문이다. 예를 들면 질문에 대한 답변 설명에 문제가 있으면 답변을 삭제하거나 수정해 주는 것이다. 가령, 월드컵에 대해 2010년 내용까지 반영되어 있었는데 2014년이 되면 그에 대한 내용을 보완해 줄 수 있다.

결국 문제의 관건은 얼마나 많은 사람들이 이렇게 유용한 교육 콘텐츠를 공유하고 재생산하는 작업에 참여하느냐일 것이다. 스마트교육의 주요한 역할은 이처럼 많은 전문가들과 교원들의 참여를 유도하고 독려하여, 학생들의 학습 효과를 극대화하기 위한 교육의 프로세스별로 선순환하는 체계를 만드는 것이다.

스마트 교육,
무엇이 핵심인가

이런 아이들을 위해 새롭게 시작되는 우리나라의 가장 혁신적인 교육 정책인, 스마트 교육의 본질로 들어가 보도록 하자. 앞서 설명했듯이, 스마트 교육의 핵심은 교실에서의 수업 방법을 개별화하고 맞춤화된 교육이 가능하도록 변화시키는 것이다.

그렇다면 교실을 어떻게 바꿀 것인가? 그 변화의 구체적인 방법은 3부에서 상세히 알아보겠지만 이 장에서는 스마트 교육을 위한 가장 기본적인 내용을 살펴보도록 하겠다.

'SMART' 교육이란

스마트SMART 교육은 흔히 21세기 학습자 역량을 개발하기 위한 개별화 맞춤 학습 체제로 정의된다. 쉽게 풀어 쓰면 교수자의 교수 방법을 변화시키고, 학습자의 학습 방법을 변화시켜 진정한 '교육'을 만들려는 것이다. 진정한 교육은 무엇일까? 학습자의 개성과 소질에 따라 암기하는 교육에서 체득하는 교육으로 변화되고, 교수자는 이에 맞게 교육 과정과 교과서를 자신만의 것으로 만들어 제공하는 교육일 것이다. 또한 지식을 평가하여 점수가 기준이 되는 것이 아니라 능력이 기준이 되는 평가 체제를 갖춘 교육일 것이다.

이때 스마트SMART는 다섯 가지 개념의 앞 글자를 따 만들어진 것으로 각각의 의미는 다음과 같다.

먼저 'SMART'의 S는 Self-Directed 즉, 자기 주도적인 학습을 한다는 의미다. 학생이 지식에 대한 일방적 수용자에서 지식의 주요 생산자가 되고, 교사는 지식 전달자에서 학습 조력자 혹은 멘토로서 새로운 역할을 맡게 된다.

다음으로 M은 Motivated를 말한다. 이것은 동기 부여를 뜻하는데, 동기가 부여되어 흥미롭게 학습을 한다는 의미다. 즉, 정형화된 교과 지식 중심이 아닌 체험을 기반으로 지식을 재구성할 수 있는 교수 학습 방식으로서 창의적 문제 해결과 과정 중심의 개별화된 평가를 지향한다.

A는 Adaptive로 '수용 가능한'이라고 해석할 수 있는데, 이는 학생들이 보다 학습을 잘 수용할 수 있도록 수준과 적성에 맞는 학습을 한다는 의미다. 보다 융통성 있는 교육 체제를 마련하고 개인의 선호에 따라 미래의 직업과 연계한 맞춤형 학습을 구현하는 것이다. 또한 지식 전달 장소인 학교에서 수준과 적성에 맞는 개별화된 학습을 지원한다.

다음 R은 Resource Free 즉, 자료에 구애받지 않도록 풍부한 자료를 갖춘 상태에서 학습을 한다는 의미를 가진다. 클라우드 교육 서비스를 토대로 교육 콘텐츠 오픈 마켓을 만들어 공공 기관, 민간 또는 개인이 개발한 풍부한 콘텐츠를 교육에 자유롭게 활용하여 학습한다. 또한 SNS를 바탕으로 집단 지성, 소셜 러닝 등을 이용해 국내외 학습 자원을 공동으로 활용하는 협력 학습 방식이다.

마지막으로 T는 Technology Embedded로, 정보 통신 기술을 도입한 학습 방식이다. IT 기술을 통해 언제, 어디서나 원하는 학습을 할 수 있을 뿐 아니라, 수업 방식을 다양화해서 학습에 관한 선택권을 보장하는 선진적인 학습 방식이다. 물론 이러한 스마트한 학습 방법을 가능하도록 만든 것이 스마트 교육이다.

스마트 교육의 핵심은 기술이 아닌 교육이다

2008년 국가 정보화 전략 위원회에서 교육을 포함한 복지, 각종 산업 등 여러 분야에서 정보 통신 기술을 결합했는데, 그 일환으로 스마트 교육이 나왔다. '스마트 워크'가 일하는 방식을 효율적이고 현명하게 혁신하겠다는 의미를 지닌 것과 마찬가지로, 스마트 교육은 학습하는 방식을 현명하고 효율적으로 혁신하겠다는 것이다. 기존의 교실에서 똑같은 교과서로 똑같은 교육을 하는 것은 현명하지 않다고 본 것이다. 자율적으로 학생 개개인에게 가장 최적화된 교육을 해 줘야 하는데 그것을 효율적으로 가능하게 하는 것이 정보 통신 기술이고, 스마트 교육은 그러한 기술을 적극 활용한다.

하지만 과거의 정보 통신 활용 교육과 스마트 교육의 차이점은 매우 분명하다. 과거 ICT 활용 교육이 기술에 초점을 두었던 것과 달리 스마트 교육은 항상 교육 자체에 중점을 둔다.

예를 들면 예전 u-러닝의 경우, 언제 어디서나 교육이 가능하도록 무선 디바이스 사용이 결정되면 무선 통신망을 설치하는 데 주력하는 식으로 기술을 중시했다.

e-교과서 역시 교과서를 집에서도 사용할 수 있도록 장소에 구애받지 않고 사용하게 하자는 취지에서 CD로 만들었지만 그다지 좋은 평을 받지 못했다. 지금까지 그렇게 기술에만 중점을 두고 정책을 집행하다 보니 큰 맥락을 놓치는 경우가 많았고, 효율적으로 활용하기

도 어려웠다.

하지만 지금은 어떤 기술을 쓰느냐가 중요한 것이 아니다. 수업에 어떤 기술을 왜 도입하는지 이유를 찾고 그 목적에 부합하는 기술을 활용하려는 것이다. 예를 들면 초등학교 6학년의 화산 실험을 위해 직접 과학실에서 실험하는 기술을 활용할 수 있다. 위험성이나 시약 구매 등을 고려해서 가상의 시뮬레이션을 만들어 볼 수도 있고, 사진이나 다른 동영상 자료도 활용해 볼 수 있는 것이다. 즉, 학습자들이 지식을 체득하는 데 무엇이 더 도움이 될지 먼저 고민해야 한다.

이러한 시행착오를 통해 스마트 교육을 준비하면서 기술에만 연연하던 정책이 비로소 교육의 본질에 주목하게 되었다. 교육을 변화시키기 위해서 어떤 기술을 어떻게 활용할 것인가가 스마트 교육의 가장 근본적인 고민이며, 기존의 ICT 활용 교육과의 가장 큰 차이점이다. 큰 맥락에서 목적과 주체가 바뀌면서 모든 교육 정책의 방향성과 그에 따른 내용이 실질적으로 바뀌었고, 마침내 올바른 길을 찾아낸 것이다.

확실한 것은 '스마트'라는 단어를 떠나, 앞으로는 더 이상 ICT 활용 교육을 빌미로 기계만 주고 안 쓰면 그만인 방식의 교육 정책을 펼치지는 않으리라는 것이다. 그리고 그 전환점의 첫 번째 걸음에 스마트 교육이 있다.

스마트 교육의 세 가지 기본 관점

스마트 교육을 만들기 위한 가장 핵심적인 세 가지는 교육 내용, 교육 방법, 교육 환경 변화라는 관점에서 살펴볼 수 있다.

첫째는 교육 내용의 측면에서 스마트한 학습 모델을 개발하고 적용하는 것이다. 그리고 이를 기술적으로 지원하기 위해서 디지털 교과서를 단계적으로 개발하여 확산시킨다. 물론 여기에 필요한 법과 제도도 새롭게 정비해야 한다.

둘째, 교육 방법의 변화다. 이는 크게 두 가지로 나누어 볼 수 있는데 첫 번째로 온라인 학습 진단 처방 체제를 구축하고, 두 번째는 온라인 수업을 활성화하는 것이다. 먼저 온라인 학습 진단 처방 체제는 간단히 말하자면 온라인으로 평가 체제를 만드는 것이다. 국가·학교 수준의 온라인 평가 체제를 도입하고 온라인 기초 학력 진단, 처방 체제를 만들어 놓는 것이다. 다음으로는 온라인 수업을 활성화하는 것인데, 온라인 수업에 대한 상세한 내용은 3부에서 좀 더 구체적으로 설명하도록 하겠다.

셋째는 교육 환경의 조성이다. 교육 콘텐츠를 자유롭고 안전하게 이용할 수 있는 환경을 조성해야 한다. 크게 두 가지 방법이 있는데, 하나는 교육 콘텐츠를 공공 목적으로 이용하는 환경을 조성하는 것이다. 관련된 법과 제도를 정비하고, 교육 콘텐츠의 관리 시스템을 마련하고, 교육 콘텐츠의 기부 문화를 구축하는 것을 말한다.

다른 하나는 역기능 해소를 위한 정보 통신 윤리 교육을 강화하는 것이다. 즉, 정보 통신과 관련된 윤리 교육을 내실화하고, 인터넷 중독에 대한 대응을 강화하며, 제도적으로는 정보 통신 윤리 협의체를 구성하는 것이다.

이러한 세 가지 측면의 변화를 바탕으로 한 교육 혁명을 위해서는 두 가지 지원이 요구된다. 먼저 스마트 교육을 실천할 수 있는 교원들의 역량을 강화해야 한다. 이를 위해 스마트 교육 연수 과정을 개발하여 실제 연수중이며, 지속적인 테스트를 통해 질적인 연수 환경을 만들기 위해 노력하고 있다. 또한 스마트 교육 지원 인력을 양성하고 각 요소마다 배치하는 데에도 주력하고 있다.

다음으로 기술적인 면에서의 기반 마련인데, 클라우드 교육을 서비스할 수 있는 기반을 조성하는 것이다. 클라우드 컴퓨팅 기술을 이용하여 각 학교에 스마트 교육이 가능하도록 인프라를 구축하고, 이를 바탕으로 교육 콘텐츠 오픈 마켓을 만드는 등 스마트 교육의 표준 플랫폼을 네트워크상에서 개발하고 구축해야 한다.

한편 이러한 클라우드 교육 기반 마련은 민감한 보안의 문제가 있고, 전체 정보 통신 산업과도 연결되어 있으므로 유관 산업과의 적절한 조율을 통해서 단계적으로 시행하는 것이 중요하다.

스마트 교육의 5대 과제

스마트 교육의 보다 실질적인 모습을 들여다보기 위해 앞서 이야기한 내용들을 과제 관점에서 다섯 가지로 정리하면, '디지털 교과서 사업, 온라인 수업과 평가제도 도입, 교육 콘텐츠 이용 환경 조성, 교사들의 스마트 교육 실천 역량 강화, 클라우드 컴퓨팅 환경 조성'으로 정리할 수 있다. 보다 구체적인 내용을 살펴보면 다음과 같다.

첫째, 2015년에는 모든 학생이 디지털 교과서로 공부하도록 만든다. 기존의 서책형 교과서는 한 번 인쇄한 후 출판이 되면 내용이 고정되어 최신 정보를 반영하는 데 어려움이 있었고, 따라서 학생들의 학습 활동에 제한이 있었다. 하지만 디지털 교과서는 기존의 서책형 교과서에 있는 학습 내용뿐만 아니라 참고서와 문제집의 내용까지 모두 포함한 풍부한 학습 자료를 지닌다. 게다가 맞춤형 교육이 가능하므로 스스로 공부하기에 손색이 없다. 또한 학교 내외의 다양한 교육 자원을 연계하여 학습의 폭을 넓혀 줄 수 있다. 아울러 디지털 교과서가 보편화되면 아이들의 무거운 어깨를 가볍게 하는 소위 '책가방 없는 학교'를 만들 수 있을 것이다.

두 번째로 온라인 수업과 평가 제도를 도입한다. 스마트 교실은 열린 교실이다. 체험하고, 참여하고, 개방되어 있는 교실인 것이다. 예를 들면 전문가 참여 수업, 박물관 체험 수업, 원격 화상 수업, 병원

학교 등과 같이 열린 학습을 할 수 있기 때문에 이 세상 모든 곳이 학교가 될 수 있다.

다시 말해 온라인 수업과 평가 제도를 도입하면 학습 주제의 전문가가 직접 온라인 강의를 해 주기도 하고, 증강 현실을 활용하여 교실에서 박물관을 체험할 수도 있고, 학교에 등교하기 힘든 학생들에게는 원격 화상 수업을 제공할 수 있다. 언제 어디서나 학습할 수 있는 스마트한 교실이 만들어지는 것이다.

세 번째는 자유롭고 안전한 교육 콘텐츠 이용 환경을 조성하는 것이다. 함께 나눈 정보는 가치가 늘어나는 법이다. 그런데 지금은 교실 내에서 수업 목적으로 사용하는 경우에만 저작물을 자유롭게 사용할 수 있기 때문에 학교 밖에서 교육 목적으로 교육 콘텐츠를 사용하는 데 많은 제약이 있다. 또한, 정보 기기의 교육적 활용에 대한 우려와 불안감도 공존하고 있는 안타까운 실정이다.

네 번째로 교사들의 스마트 교육 실천 역량을 강화한다. 교육의 질을 개선하기 위해서는 교사의 참여가 필수적이므로, 스마트 교육을 위한 교사들의 실천 역량을 강화한다.

교원의 역량 강화를 위해서는 먼저 스마트 교육에 관한 교육 과정을 개발하고 연수 환경을 개선해야 한다. 현직 및 예비 교원 스마트 교육 연수 과정을 개발하여 매년 전체 교원의 25%를 대상으로 스마트 교육 연수를 실시하고, 교육청별로 1개소 이상 스마트 교육 체험관을 구축하며 교원 양성 기관의 인프라를 개선한다.

다음으로 스마트 교육 지원 인력을 배치해야 하는데, 이를 위해 IT 관련 학과 스마트 교육 인력 양성 체제를 구축하고, 학교별 스마트 교육 전문 인력을 지원해야 한다. 이렇게 되면 교사의 수업 연구 시간을 확보하고, 새로운 일자리를 창출하는 효과도 누릴 수 있을 것이다. 끝으로 스마트 교육을 위한 도구 즉, 기기를 지원해야 한다. 스마트 수업 지원을 위한 교원용 스마트 기기를 스마트 교육의 확산 속도에 맞춰 단계적으로 보급한다.

다섯 번째, 2015년까지 모든 학교에 클라우드 기반을 조성한다. 다양하고 질 높은 콘텐츠를 장소와 기기에 관계없이 무선 인터넷 망 등으로 연결하여 활용할 수 있도록 해 주는 클라우드 교육 시스템을 모든 학교에 조성한다. 이를 위해 먼저 스마트 교육 학교 인프라를 구축하게 된다. 모든 학교에 무선 인터넷 환경과 정보 보안 체제를 구축하고, 교육 목적의 스마트 기기 제작을 위한 표준을 개발하여 스마트 기기의 학교 보급을 촉진하는 것이다. 또한, 소외 계층을 위해 통신비를 지원하고, 단말기를 무상으로 보급한다. 다음으로 스마트 교육 표준 플랫폼을 구축할 것이다. 민간·유관 기관의 교육 콘텐츠 활용을 촉진할 수 있도록 교육 콘텐츠 오픈 마켓을 조성하여 교육 정보 서비스에 대한 접근성과 이용률을 향상시킨다. 또한 디지털 교과서, 온라인 학습 평가와 관리 등 스마트 교육과 관련된 기술 표준이 개발된다.

스마트 교육의 순기능과 역기능

스마트 교육에 다양한 기술을 활용할 수 있다는 점에서 역기능을 우려하는 목소리도 심심찮게 들린다. 교육에서 가장 중요한 것이 면대면 교육인데, 기술을 사용하면 얼굴 보는 일이 줄어드니 학생의 인성과 관련해서 문제가 생길 수 있지 않느냐는 것이다. 어느 정도는 맞는 말이며 옳은 이야기다.

하지만 인류의 역사는 음성 언어에서 문자 언어의 시대로 진화했고, 이제는 기술 발전의 역사라고 해도 과언이 아니다. 물론 기술의 발전은 늘 인류에게 이로운 것은 아니며, 부작용이 수반될 수 있다. 그러나 우리 속담에 등장하듯 잘 쓰면 이로운 것이요, 잘못 쓰면 해로운 것이다.

간단히 예를 들자면, 불의 발견은 인류에게 화식을 제공하여 추위를 이겨내고 맹수의 위협으로부터 벗어나게 했다. 그 반면, 화재를 유발하여 인간의 목숨과 재산을 앗아가기도 한다. 우리나라 사람이라면 한 번쯤 봤을 드라마 '뿌리 깊은 나무'를 기억할 것이다. 한글을 만들고자 하는 사람들과 한글 창제를 반대하는 사람들의 입장이 첨예하게 대립된다. 한글 창제를 반대하는 사람들은 이로 인한 부작용을 우려했다. 그러나 만약 당시 한글 창제를 반대하는 사람들의 의견이 관철되어 현재까지 한글이란 문자 언어가 없었다면 우리는 어떻게 되었을까?

온라인 커뮤니티가 생겼다고 해서, 사람들의 만남이 줄어든 것은 아니다. 오히려 온라인 동호회 활동이 오프라인으로 이어지면서 과거보다 낯선 사람들을 만나는 일이 더 잦아졌다고 할 수 있다. 따라서 학생들에게도 온라인에서의 동아리 활동을 오프라인과 연계하는 것을 장려함으로써 특별한 유대 관계를 계속 유지하게 할 수도 있다.

예를 들면 에듀넷의 온라인 체험 활동이 대표적이다. 에듀넷에는 '어린이 기자단' 동아리 활동이 있는데, 학생들은 모교의 입학식, 개학식, 운동회 등에 관한 기사를 작성해서 온라인으로 공유한다. 이 학생들은 실제로 탐방을 해서 기사를 쓰고 이를 공유하기 때문에 자연스럽게 오프라인 체험 활동에 참여하게 된다. 가령 삼성전자나 포항제철 등을 직접 방문하고 체험한 것을 기사로 작성하고 공유하는 것이다.

한편 중·고등학교에는 청소년 방송단이 있다. 이 역시 온라인에서 동영상을 공동으로 제작하여 등록하지만 실질적인 활동은 오프라인 모임에서 이루어진다. 여기서 제작한 유명한 동영상들은 유튜브YouTube에 등록되어 화제가 되기도 했다.

이렇게 기사나 방송 동영상을 만들고 온라인으로 공유하는 활동들도 대표적인 스마트 교육이라 할 수 있으며, 학생들은 이러한 활동들을 통해서 실질적인 체험 학습에 참여한다. 학부모들이나 어른들이 걱정하는 것과는 달리 SNS나 온라인을 많이 활용하면 오프라인 활동이 줄어들어 인성이 나빠지기보다는 오히려 창의적인 체험 활동이 촉진되어 창의력과 인성이 더 증진될 수 있다.

한편으로는 건강을 걱정하는 목소리도 있다. 시력이 나빠진다거나, 허리가 휜다거나 심지어 뇌가 줄어든다는 등의 문제를 제기하기도 한다. 스크린에서 번뜩이거나 빠르게 변하는 영상을 오랫동안 볼 경우 뇌의 한쪽 기능이 제대로 기능하지 못해서 전체적으로 뇌의 용량이 줄어든다는 것이다. 물론 이런 걱정들은 정확하게 과학적으로 증명된 내용이 아니며, 그것이 사실이라면 당장 영화관과 TV부터 없애야 할 것이다.

시력과 관련된 문제처럼 시력이 디지털 기기 때문에 나빠진 것인지, 어두운 곳에서 책을 봐서 나빠진 것인지 정확하게 규명하기 어려운 부분도 있다. 수십 년 전부터 끊이지 않았던 학생들의 시력 저하 문제가 최근 디지털 기기 활용이 활발해졌기 때문이라는 주장에는 동조하기 어렵다. 한 걸음 물러나서 어느 정도 그런 영향이 있을 것이라고 가정해도 그 모든 것이 명확해질 때까지 디지털 기기를 토대로 한 스마트 교육을 계속 미루고 있을 수도 없는 노릇이다.

다만 이에 대한 보완책은 마련되어야 할 것이다. 물놀이 수업을 하기에 앞서 가장 먼저 하는 것은 안전 교육이다. 교통 수업을 하기 전에, 현장 학습을 가기 전에 가장 먼저 하는 교육도 바로 안전 교육이다. 그런데 미디어 교육을 하면서 우리는 안전 교육에 소홀하지 않았는지 반성해 볼 필요가 있다. 한 번이라도 스마트 기기를 사용하는 아이들에게 안전 교육을 실시한 적이 있는가? 없다면 이것부터 시작해야 한다.

일부에서는 동영상 위주로 지식을 습득하게 될 경우 창의력이나 상상력이 줄어들지는 않을지 걱정하기도 한다. 하지만 이것도 근거가 불확실하다. 라디오로 소리를 들으면서 상상을 하는 것처럼 동영상을 보면서도 영상의 여러 가지 부분들을 보면서 상상할 수 있는 것이다. 책을 읽으면서도 다양한 상상을 하지만 영상을 보면서도 이후 장면을 상상할 수 있다.

무엇인가를 직접 본다고 해서 사람이 단순해지는 것은 아니다. 상상하고 창의성을 발휘하는 것은 오히려 개인차가 더 클 것이다. 책을 읽으면서도 어떤 이는 그저 판독하는 수준에 가깝게 내용을 그대로 수용하고, 어떤 이는 영화를 보면서도 수많은 상상의 나래를 펼칠 수 있는 것이다. 오히려 영상, 색채, 음향 등 더 복잡한 정보를 접하면 상상할 수 있는 부분이 더 많이 생기고, 창의력은 더 높아질 수 있다.

OECD에서 매년 학업 성취도 평가를 한다. 그중에 인지 능력 평가가 있는데, 과거에는 텍스트로 된 지문으로 주로 평가를 했다. 그런데 몇 년 전부터 디지털 콘텐츠를 이해하는 평가를 실시하고 있다. 텍스트, 영상, 사진을 종합적으로 분석하고, 이해하는 능력을 보는 것이다. 이는 선진국에서도 그러한 능력이 중요하다는 것을 받아들였음을 뜻한다. 그런데 이렇게 전 세계적으로 실시하는 디지털 읽기 소양 평가DRA, Digital Reading Assessment에서 우리나라가 2009년에 1등을 했다. 평가 방식이 종이에서 디지털로 바뀌었는데 1등을 했다는 것은 상당히 의미가 있는 일이다.

　이 같은 현실을 토대로 새로운 변화를 받아들임에 있어 그 역기능에 대해서는 철저히 검증하고 보완책을 마련하되, 시대의 흐름을 거슬러서는 안 될 것이다.

우리 아이들은 어떤 교실에서 학습해야 하는가

미래의 우리 아이들이 어떤 교실에서 학습하는 것이 좋을까? 이에 대한 고민의 일환으로 수잔 도노반Suzanne Donovan과 존 브랜스포드John Bransford가 쓴 『학생들의 학습 방법How Students Learn』에 제시된 미래의 학생들을 위한 교실 환경에 대해 참고해 보자. 저자는 앞으로의 교실 환경이 학습자, 지식, 평가, 공동체 중심의 교실 환경으로 변해야 한다고 주장한다.

첫째, 학습자 중심의 교실 환경이다.

수업은 새로운 학습이 이루어지는 토대를 제공하는 학생들의 관념, 지식, 기능 그리고 태도들에 세심한 주의를 기울이는 것에서부터 시작해야 한다. 대개 수업을 통해 학생들이 받아들이는 수준은 비슷하다고 생각하지만 실상은 그렇지 않다. 예를 들어, 떨어지는 공이나 깃털에 작용하는 힘의 방식에 대한 수업에서는 학생들마다 관찰하거나 생각하거나 말하는 정도가 각기 다르다. 주제가 자연 현상보다 사회 현상일 때, 그 차이는 훨씬 더 크다. 왜냐하면 학생들이 생각하고 표현하고 상호 교류하는 그들만의 기준뿐만 아니라, 경험 그 자체가 다른 가족이나 공동체, 문화와 차이가 있기 때문이다. 또한 학생들의 성취 여부는 학습에의 참여와 지속 시간에 따라 다를 수 있다.

'학습자 중심'이라는 것은 학생들의 능력뿐만 아니라 성장 배경과 문화적 가치에 관심을 기울이는 것을 포함한다. 학습자가 갖고 있는 지식과 잠재력을 효과적인 발판으로 삼기 위해서는 교사들이 학생 개개인의 출발점과 학습 상황에 세심한 주의를 기울여야 한다. 학생들이 처리할 수 있는 수준의 난이도를 가진 즉, 지속적으로 관심을 가질 만큼 도전적이면서도 포기할 정도는 아닌 과제를 제시하는 것이 중요하다. 또한 교사들은 학생들이 수업을 통해 배운 지식을 실생활과 연관 지어 유용하게 사용할 수 있도록 도와주어야 한다. 이런 연계가 명확하게 이루어지지 않으면, 학생들은 배운 것을 활용하지 못한 채 그저 습관적으로 수업에 참여하게 되어 이후의 학습을 이해하지 못할 것이다.

둘째, 지식 중심의 교실 환경이다.

교실 환경에 대한 학습자 중심 견해는 출발점으로서 학생에게 초점을 맞췄다. 그 반면, 지식 중심의 견해는 무엇을 교육해야 하고(주제), 왜 그것을 교육해야 하며(이해), 전문적 지식을 전달하기 위해 어떻게 지식이 체계화되어야 하는지(교육 과정), 그리고 능력과 숙달된 지식이 어떻게 활용되는지(학습 목표)에 초점을 맞추고 있다.

한 교과의 교육 과정은 그 교과를 체계화하는 데 기초가 되는 원리들을 제대로 이해하고, 이를 토대로 결정되어야 한다. 어떤 분야의 기초가 되는 폭넓은 지식 구조 내에서 그 내용을 명확하게 이해하지 않고, 특정 주제와 기능을 가르치는 것은 비효율적이다. 기본적인 원리와 개념에 대한 이해야말로 적절한 교육을 위해 필수적이다. 어떤 것을 이해하기 위해 좀 더 일반적인 사례와 특정 예를 사용하는 것(좀 더 기본적인 구조에 대한 이해)은 특별한 방법일 뿐만 아니라 본보기를 배우는 것이다.

셋째, 평가 중심의 교실 환경이다.

평가는 학습자 중심과 지식 중심의 교실 모두에서 중요한 특징이다. 교사는 평가를 통해 학생들의 생각을 파악할 수 있다. 그러한 생각들은 개념과 함께 다루어져 새로운 개념들을 형성하는 데 중요한 역할을 한다. 그래서 형성 평가(학생이 생각하는 바를 교사와 학생 모두가 알 수 있도록 고안된 지속적인 평가)는 교육의 필수 요소 중 하나다. 교사는 일단 전달하려는 지식을 명확하게 이해한 후, 실질적인 정보뿐만 아니라 정확한 개념까지 전달하기 위해 학생들의 진행 상황을 점검한다. 비형식적인 것에서 형식적인 사고에 이르는 발달 경로에서 학생이 어디쯤에 있는지 확인하여 학생의 수준에 맞는 수업을 설계해야 한다.

궁극적으로 학생들은 눈에 보이는 성적에만 의존하지 말고 메타인지적인 능력 즉, 자신의 진행 상황을 평가하기 위한 필수적인 사고방식을 가져야 할 필요가 있다. 학생들 스스로 자신의 기여도와 노력의 정도를 평가하게 하면 성취도가 향상된다는 많은 연구 결과들이 있었다. 따라서 학생들이 학습하고 문제를 해결하기 위해 이용하는 여러 종류의 전략들을 평가하도록 돕는 것 또한 중요하다.

끝으로 넷째, 공동체 중심의 교실 환경이다.

공동체 중심의 접근은 바깥세상과의 연계성뿐만 아니라 교실과 학교를 위한 중요한 학습 가치에 중점을 둔 규범을 중시한다. 학습은 환경에 근본적으로 영향을 받는다. 교실과 학교를 포함한 모든 공동체는 개인들 사이의 상호 작용에 영향을 주는 일련의 규범과 문화로 운영된다고 볼 수 있다.

다시 말해 이런 문화는 학습을 중재한다. 사람들이 학습 방법How People Learn으로 사용하는 원리들은 교실 문화에 중요한 의미를 가진다. 예를 들어, 새로운 학습은 현재의 개념을 토대로 한다는 연구 결과를 생각해 보아야 한다. 만약 학교 규범에 따라 그저 정해진 수업에 충실한 학생들만을 격려해 준다면, 학교 수업에 얽매이지 말고 자유롭게 생각을 표현하게 할 경우 학생들이 주저하게 될 것이다. 그리고 이전 수업을 통해 드러난 학생들의 생각과 새로운 개념들은 앞으로의 수업에 있어서 효과적인 학습과 반응을 이끌어내는 중요한 요소가 된다. 학생의 사고에 초점을 맞추려면 도전 정신뿐만 아니라 다양한 표현(모호하거나 확실한, 혹은 미흡하거나 완벽한)을 장려하는 교실 규범이 마련되어야 한다. 뿐만 아니라 실수를 무능함으로 연결시키지 말고 사물을 이해하는 데 도움이 되는 하나의 과정으로 받아들여야 한다.

[참고자료. Building 21st. Century Schools. 교육과학기술부. 재인용]

3부

디지털 시대,
스마트 교육으로 완성하라!

스마트 교육을 통한
다섯 가지 변화

스마트 교육은 크게 다섯 가지 과제로 구성되어 있다. 스마트 교육이 추구하는 다양한 가치들을 실현하기 위해 우리의 교육적 현황과 자원들을 검토했고, 그 결과 가장 현실성 있고 의미 있는 것들을 찾아 변화를 위한 과제로 구체화했다.

디지털 교과서의 적용, 온라인 수업과 평가의 활성화, 교육 콘텐츠의 자유로운 활용 기반 마련, 교사들의 스마트 교육 실천 역량 강화, 다양하고 질 높은 콘텐츠를 효과적으로 활용하기 위한 학교 인프라의 확충이 스마트 교육을 통해 추구하고자 하는 다섯 가지 변화의 모습이며 전략 과제에 해당한다.

이와 같은 과제를 통해 학생들이 교실에서 만족스럽게 수업받으면서, 기존의 줄 세우기 식 교육에서 벗어나 21세기형 미래 인재로 성장하게 만드는 것이 스마트 교육이 추구하는 방향이다. 스마트 교육의 주요 과제를 초·중등 교육에 먼저 적용하여 변화된 모습은 우리가 안고 있는 교육의 문제를 해결하면서 사회 전반의 발전에 기여할 것이다.

모든 지식이 담긴 디지털 교과서의 시대

스마트 교육은 궁극적으로 교육 내용, 교육 방법, 교육 환경의 변화에 대한 의지와 과제로 설명할 수 있다. 먼저 교육 내용은 어떻게 변할 것인가? 교육 내용의 변화는 교육 콘텐츠의 변화이며, 학교 교육을 통해 배워야 하는 가장 기본적인 콘텐츠인 교과서의 변화를 핵심으로 한다.

인쇄 매체를 기반으로 하는 기존의 서책 중심 교과서는 표준화되고 일률적인 '지식의 주입'이 필요하던 산업 사회에서는 가장 중요한 콘텐츠로서 교육적 '권위'를 지니고 있었다. 그러나 지식의 생산과 교환 주기가 빨라짐에 따라 인쇄 교과서를 발행하는 순간 지식의 효용성이 떨어질 수밖에 없는 한계가 있다. 디지털 교과서를 도입하게 된 계기는 기존의 서책형 교과서가 지닌 이와 같은 한계를 극복하는 동시에, 디지털 매체의 다양한 장점을 활용하여 교실 수업을 개선하고 학생별 맞춤 교육 과정을 운영하기 위해서였다.

이러한 요구에 부응하여 2015년까지 학생들의 학습을 효과적으로 지원할 수 있는 디지털 교과서 도입이 추진되고 있다. 또한 교과서의 변화에 대한 사회 전반적인 인식의 점진적 확대와 활용 환경의 구축, 학습자의 특성에 따른 선택권 보장 등을 위해 서책형 교과서와 병행하여 사용하도록 할 계획이다. 디지털 교과서는 기존 교과 내용에 다양한 참고 자료와 학습 지원 기능이 더해진 미래형 교과서라고 할 수 있다. 도입 초기에는 디지털 교과서가 모든 것을 구현하는 데 한계가 있겠지만 점차 사진, 동영상, 애니메이션 등의 멀티미디어 자료와 평가 문항, 사전 등 다양한 학습 참고 자료가 추가될 것이다. 또한 학습에 대한 동기를 부여하고, 흥미를 불러일으키는 기능이 포함될 수도 있다. 그뿐 아니라 디지털 교과서는 시간과 장소에 구애받지 않고 개인 맞춤형 학습이 가능하도록 일반 컴퓨터는 물론 스마트 패드, 스마트 TV 등 다양한 단말기에 사용 가능한 형태로 개발될 예정이다.

이를 위한 세부적인 계획으로 2014년 초등학교와 중학교 일부 과목에 디지털 교과서를 도입하여, 2015년에는 고등학교 과목으로까지 대상을 확대할 예정이다. 구체적인 개발 대상 학년과 과목은 연구학교의 운영 결과와 타당성 등을 검토하고, 현장 전문가의 의견을 적극적으로 수렴하여 결정될 것이다.

또한 디지털 교과서가 교과서로서의 법적 지위를 부여받을 수 있도록 관련 규정과 제도가 정비될 예정이다. 민간 개발자들이 질 높은 디지털 교과서를 개발할 수 있도록 개발 표준과 기술, 내용 표준을 제공하고, 적용 초기에는 교사와 학생들이 디지털 교과서를 효과적으로 활용할 수 있도록 교수 학습 모델도 개발하여 효과적인 활용을 지원할 계획이다.

디지털 교과서는 21세기 지식 산업 시대에 자기 주도적이고 창의적인 인재를 양성하기 위한 가장 기본적인 수단이 될 것으로 기대된다. 아울러 학생들은 무거운 책가방에서 벗어날 수 있고, 학부모들은 학습지와 참고서를 구매해야 하는 경제적인 부담을 내려놓을 수 있을 것이다.

누구나 듣고, 제대로 평가하는 교육

교육 방법의 측면에서 대표적인 변화는 온라인 수업의 도입과 평가 방식의 변화다. 온라인 수업을 도입한다는 것은 학교 교육을 기반으로 정규 교과에서 온라인 수업을 활성화한다는 의미다. 즉, 학교 교육의 많은 장점에도 불구하고 전통적인 체제가 해결하지 못하는 몇 가지 한계들을 온라인 수업을 통해 극복해 보자는 것이다.

부득이한 사유로 학업에 공백이 생기는 것을 막기 위한 이유도 그중 하나다. 지난 2009년에 신종 플루가 발생했을 때처럼 재난, 질병, 신체장애 등으로 학교에 나오지 못하는 학생들이 미처 듣지 못한 수업을 보충할 수 있도록 하는 것이다. 또한 온라인 수업을 통해 학생들에게 학습에 대한 선택권을 주고, 다양한 교육 콘텐츠를 제공함으로써 기초 학력 결손을 해소하는 데 기여하는 것을 목적으로 하고 있다.

이를 위해 기존의 사이버가정학습, 중앙 교수 학습 센터, EBS 수능 강의 등 학습 자료와 연계한 다양한 방식의 온라인 수업을 검토 중이다. 물론 천재지변, 질병 등으로 결석한 학생들과 고등학교 소수 선택 과목을 들으려는 학생, 중학교의 집중 이수제 시행으로 특정 과목을 이수하지 못한 학생들이 우선 적용 대상이 될 것이다.

다양한 매체를 활용한 온라인 수업은 전문가와의 연계를 강화하여 현장 체험 학습을 가능하게 하고, 원격 교육을 통해 교육에서 소외받는 계층을 최소화하는 데 기여할 수 있다. 물론 온라인 수업이므로 장소와 시간의 제약에서 벗어난 교육도 가능해질 것이다.

가령 음악, 과학, 환경 관련 과목은 전문가와의 현장 체험 학습으로 이루어지는 가상 교실이 만들어질 수 있다. 또한 역사, 문화, 언어 등의 영역에서는 세계적인 학습 공동체와의 연계를 통한 글로벌 수업이 이루어질 수도 있는 것이다.

구체적으로 예를 들면, 캐나다에 있는 초등학교 영어 교사와 우리나라의 영어 교사가 서로 교류하며 가르치는 방법에 대한 정보를 얻을 수도 있고, 모나코의 발레 학교와 발레를 공동 평가할 수도 있을 것이다. 일본 초등학교와 역사, 문화에 관해 교류하거나 호주 국제 교류 프로그램과 연계하여 호주 학교와도 함께 수업할 수 있는 것이다.

이처럼 온라인 수업은 부득이한 사유로 학업에 공백이 생길 수 있는 학생들에게 학업 기회를 제공하고, 전공 교사가 없어 원하는 과목을 선택하지 못하는 학생들의 학습 선택권을 보장해 줄 수 있을 것이다.

평가 방식은 온라인 평가를 통해 개인화된 진단과 처방이 가능하도록 바뀔 것이다. 현재의 지필 선다형 평가 방식이 지나치게 정형화되어 있다는 한계를 인식하고, 발전된 도구와 정보 통신 기술을 활용하여 보다 구체적이고 개별화된 평가 방식을 도입하는 것이다.

온라인 평가의 한 예로 온라인 기초 학력 진단 처방 체제를 갖출 계획이다. 이 시스템은 매년 실시되는 학업 성취도 평가에서 기초 학력 수준이 미달하는 학생들을 찾아내 그들의 정확한 수준과 학력 미달의 원인을 찾는 것에서 시작한다.

가령 5학년을 대상으로 한 시험에서 2학년 수준의 실력이 부족한지 3학년 수준의 실력이 부족한지를 알 수 있고, 그에 따른 부족한 부분을 채워 줄 수 있는 처방 콘텐츠를 적절하게 제공해 주는 것이다. 그렇게 처방을 하고 일정 기간이 지난 후, 문제의 내용은 다르지만 동일한 난이도로 다시 시험을 치를 수 있도록 해서 얼마나 실력이 향상되었는지를 살펴볼 수 있다.

이런 과정을 통해서 평가 결과에 대해 정확히 분석을 하고, 학생 개개인에 맞는 개별화된 맞춤 교육이 가능해지는 것이다. 또한 이러한 평가 방법으로 한 개인에 대한 풍부한 데이터가 축적되면서 단발성이 아닌 지속적인 학습을 지원할 수 있다. 아울러 학업 수준에 대한 평가뿐 아니라 정서 행동 발달 장애와 관련된 진단 도구와의 연계도 수월해져 학생들의 수준과 각자가 처한 문제를 종합적으로 판단할 수 있게 될 것이다.

결론적으로 교육 방법의 측면에서 온라인 수업과 평가의 이와 같은 변화는 학생들의 학습과 교사들의 교수 방법 등을 포함한 교육 과정 전반에 긍정적으로 기여할 것이다.

모두가 이용할 수 있는 교육

교육 환경 측면에서 스마트 교육은 교육 콘텐츠를 공공의 목적으로 최대한 자유롭게 이용할 수 있는 환경을 조성하고자 한다. 언제 어디서나 쉽게 교육 콘텐츠에 접근할 수 있는 클라우드 교육 서비스 기반 조성, 그리고 스마트 교육의 본격적인 도입에서 비롯되는 다양한 역기능을 해소하기 위한 정보 통신 윤리 교육 강화 등의 과제가 추진될 계획이다.

먼저 교육 콘텐츠를 공공 목적으로 이용할 수 있는 환경을 만들기 위해 유의해야 할 점이 있다. 스마트 교육이 활성화되기 위해서는 학생과 교사가 교육적 저작물을 자유롭고 편리하게 이용할 수 있는 정책과 법이 구비되어야만 한다. 그러나 현 저작권법은 교실 내에서 이루어지는 수업 목적으로만 저작물을 이용할 수 있도록 허용하고 있으므로 법을 교육 전반으로 확대 적용할 필요가 있다. 또한 교육에 사용되는 저작물의 다양성에 대비한 체계적인 관리 시스템이 필요하며, 교육 내용의 혁신적 변화를 가져오게 될 디지털 교과서의 자유로운 활용을 위한 제도도 정비되어야 한다.

저작물을 자유롭게 이용하기 위한 저작물 자유 이용 허락 표시 라이선스인 CCLCreative Commons License 운동과 OEROpen Education Resource 운동이 전 세계적으로 활발하게 논의되고 있다. 스마트 교육을 활성화하기 위해서는 저작물 관련 제도의 정비뿐 아니라 CCL이나 OER처럼 모든 국민이 참여할 수 있는 교육용 콘텐츠 기부와 나눔 문화 형성을 위한 노력도 필요하다. 이렇게 해서 교사와 학생이 방과후 수업, 방학 기간 중의 보충 수업 등 정규 수업 시간 이외에도 교육 콘텐츠를 자유롭게 활용할 수 있도록 해야 한다.

저작권법의 정비와 함께 교육 콘텐츠의 공공 목적 사용을 위한 환경 조성에서 가장 중요한 것이 콘텐츠 확보다. 공공 기관이나 관련 민간 기업이 협력하여 교육 목적으로 쓸 수 있는 충분한 콘텐츠를 확보하는 것이 중요하다. 이렇게 할 수 있다면 교육 콘텐츠의 생산, 유통, 관리에 있어서 교사와 학생, 그리고 사회 간 선순환 구조가 마련될 수 있을 것이다.

콘텐츠를 확보하기 위해서는 콘텐츠를 보유한 각 공공 기관과의 협력 체제가 필요하다. 예를 들어 국립 극장에 예전부터 공연한 내용들이 동영상으로 저장되어 있는 것처럼, 통일 교육원의 통일 콘텐츠, EBS의 교육 콘텐츠 등 다양한 공공 기관 콘텐츠를 교육에 활용할 수 있도록 협력 체제를 구축하는 것이다.

교사들이 직접 교육 콘텐츠를 만들어 등록하고 여기에 내용을 지속적으로 추가할 수도 있다. 교사들의 자발적인 콘텐츠 공유는 바람직한 교육 환경을 조성한다는 측면에서 중요한 변화와 발전이다.

실제로 '인디스쿨'이라는 교사 커뮤니티에서는 서로 필요한 교육 콘텐츠를 주고받으며 가진 것을 공유하고, 필요한 것을 얻는 상생 구조의 형태로 꾸준히 발전하고 있다. 스마트 교육의 각 과제들은 제도적인 보완과 직·간접적인 지원을 통해 이런 자발적 변화를 더욱 확산시키는 계기를 제공해 줄 것이다.

물론 확보된 콘텐츠를 보다 효과적이고 유용하게 활용하기 위해서는 학교에서 무선 인터넷을 쓸 수 있는 환경을 조성하고, 스마트폰, 태블릿 등 다양한 단말기를 교육 콘텐츠에 활용할 수 있는 서비스 체제를 구축해야 한다. 이렇게 클라우드 교육 서비스 환경을 구축하면 기존에 분산되어 있던 콘텐츠와 서비스가 통합되어 학생들과 교사들 심지어 일반인들까지 편리하게 접속하여 활용할 수 있음은 물론, 시스템 비용도 상당히 절감되리라 기대할 수 있다.

끝으로 정보 통신 기술을 활용하여 교육 환경을 변화시키고자 하는 중요한 노력 중 하나가 정보 통신 윤리 교육을 강화하는 것이다. 아무리 좋은 변화를 추구한다고 하더라도 어느 정도 역기능이 수반될 수 있다. 그러므로 스마트 교육을 실행함으로써 생길 수 있는 문제점에 대해서도 만반의 준비를 해야 한다.

예를 들면 학생들이 스마트 기기를 적극적으로 활용하면서 유해하고 불건전한 정보에 노출될 수 있고, 한편으로는 인터넷 중독이 심해질 수도 있을 것이다. 따라서 스마트 교육을 떠나서라도 정보화 시대에 접어들면서 생기는 역기능을 해소하기 위해 정부의 관련 부처 간 협력 체제를 구축하여 이러한 문제점들을 예방하고, 진단에서 처방에 이르는 단계별 프로그램을 운영할 필요가 있다.

그리고 무엇보다 가장 중요한 것은 학생들의 의식 변화를 위해서도 노력을 기울여야 한다는 점이다. 동아리를 통한 방송 창작 활동 등과 같이 학생 스스로 주체가 되어 이끌어 가는 교육 프로그램을 개발하고 지원함으로써, 학생들이 스마트 교육을 통해 올바른 인성을 갖출 수 있게 하는 것도 스마트 교육의 주요 과제 중 하나다. 그리고 이러한 윤리 교육을 위한 각종 콘텐츠와 연수 과정 등을 개발하여 학생들이 건전한 가치관을 기르고 인성을 함양할 수 있도록 하는 계획도 지속적으로 추진될 것이다.

자유로운 교육을 위한 법과 제도

법과 제도는 어떻게 변해야 하는가? 제한적인 수업 범위, 융통성이 부족한 교육 과정 편성 등 제도적으로 경직되어 있는 부분을 변화된 환경에 맞춰 보완하고, 경우에 따라서는 민간에 자율권을 부여하여 스마트 교육의 실질적인 실천 가능성을 높이는 것이다. 이러한 법과 제도의 변화는 크게 다섯 가지 분야에서 추진 중에 있다.

첫 번째는 디지털 교과서 활용을 위한 법·제도의 정비다. 현재는 디지털 교과서에 대한 개념이나 법적 지위에 대한 규정이 미흡하고, 검·인정 제도 역시 디지털 교과서를 고려하지 않은 부분이 많다. 즉, 기능과 편의 측면에서 디지털 교과서의 특성에 맞는 제도가 필요한 것이다. 이에 따라 교과용 도서에 관한 규정을 개정하여 디지털 교과서의 법적 지위를 명확히 하고자 하는 계획이 추진되고 있다.

두 번째로 앞서 '교육 환경의 변화'에서 언급한 것처럼 교육 콘텐츠의 저작권 관련 법령이 개정되어야 한다. 현재는 교육 콘텐츠를 자유롭게 이용하는 데 한계가 있다. 저작권법에 따르면 비록 교육 목적의 콘텐츠라고 하더라도 복제, 배포, 공중 송신이 불가능하다. 따라서 저작권법 제25조 '학교 교육 목적 등에의 이용' 조항을 수정하고, 수업 범위를 학교 외, 방학 중, 방과후 수업을 포함하는 것으로 넓힐 필요가 있다. 또한 시험 문제의 공중 송신 등을 인정하는 방향의 법령 개정도 요구되고 있다.

세 번째는 온라인 수업을 인정하는 방향으로 법을 개정하는 것이다. 현재 초·중등학교에서 시행되고 있는 정보 통신 기술을 이용한 수업은 방송통신고에서만 정규 수업으로 인정받고 있다. 그러나 온라인 수업을 활성화하기 위해서는 일반 학교에서도 방송 통신 수업의 시수가 인정되도록 제도적으로 보완해야 한다. 현 초·중등 교육법상 정보 통신 기술을 이용한 수업이 가능하기는 하지만, 온라인을 통한 대체 이수, 추가 이수와 관련한 제도가 미흡한 실정이다. 게다가 시·도 교육청이 앞장서서 온라인 수업을 추진한다고 해도 다른 시·도에서는 이를 행정적 근거로 쓸 수 없어 문제가 되고 있다. 따라서 초·중등 교육법 시행령 48조 '수업 운영 방법' 조항을 개정하고, 일반 수업에서 온라인 수업 시수를 인정할 수 있는 제도를 만들어야 한다.

네 번째는 교육 과정의 자율성을 인정하는 제도를 마련하는 것이다. 현재는 단위 학교에서 교육 과정을 자율적으로 편성하기 어렵다. 즉, 국민 공통 기본 교육, 선택 교육 과정 내 자율 편성이 어렵고, 자율 학교 체제로 사전 승인을 받더라도 제한된 범위에서만 자율적으로 운영할 수 있게 되어 있다. 또한 관할 교육청의 승인 없이는 교육 과정 편성에 제약을 받을 수밖에 없다. 이와 같은 문제를 해결하기 위해서는 초·중등 교육법 제23조 교육 과정을 개정해서 국가 교육 과정 운영의 자율성을 보장해야 한다.

끝으로 학점제의 도입도 장기적으로 검토될 필요가 있다. 현재의 제도로는 학습자의 학습 선택권을 보장하기 어렵다. 진급과 졸업에 관한 규정에 학점제와 관련된 내용이 정확히 명시되어 있지 않을 뿐더러 초·중등 교육법 제26조, 제48조의 진급과 졸업에 대한 학점제 적용 여부가 불명확한 것이다. 따라서 학점제 운영을 통한 진급과 졸업 규정을 마련하고, 진급과 졸업에 대한 학점제 적용 여부를 명시화하는 등 학습 선택권 관련 제도를 보완해야 한다.

스마트한 교사의 탄생

스마트 교육의 실질적인 주체인 교사들의 스마트 교육 역량 강화 역시 스마트 교육이 추구하는 변화의 모습이며 주요 과제 중 하나다. 변화된 교육 환경에 맞춰서 교사가 제 역할을 수행할 수 있도록 교원 역량 강화를 위한 각종 프로그램을 개발하고 지원하는 것이다. 즉, 다양한 스마트 교육 연수 프로그램을 마련하여 스마트 교육에 대한 인식을 제고하고, 교수 학습 역량의 강화를 꾀한다.

스마트 교육의 순조로운 정착을 위해서 다양한 방안을 검토 중이다. 교원 연수와 예비 교사 교육을 강화하는 한편, 학교에 배치된 전산 보조원, 과학 실험 보조원 등 지원 인력도 교육할 예정이다. 또한 청년 인턴을 통해 학교의 스마트 교육을 지원하기 위한 스마트 러닝 어드바이저(가칭)를 배치하는 방안도 고려하고 있다.

2012년부터 매년 전체 교원의 25% 수준으로 스마트 교육 연수를 실시하고, 2015년까지 시·도 교육청별 총 17개의 스마트 교육 체험관을 구축할 예정이다. 또한 스마트 교육 확산 속도에 맞춰 모든 교사에게 교육용 스마트 기기를 보급할 계획이다. 특히 체험관 활용, 원격 연수 등 교원의 연수 방식을 다양화하여 기존의 연수 방식에서 벗어나고자 한다. 교사의 연수 범위를 확대하고 체험 중심의 다양한 연수를 통해 스마트 교육에 대한 긍정적인 인식을 심어 주면서, 스마트 교육을 주도하기 위한 역량도 강화시키는 것이다.

지금까지 수많은 정책의 주도권은 정부에 있었다. 하지만 실질적으로 스마트 교육을 활용해서 교실에 혁명을 일으킬 수 있는 주체는 교사다. 지금껏 정부가 주도한 교육 정책은 실질적인 효과를 거두기 힘들었고 때로는 현장에 적용하기 어려워 갈등을 빚기도 했다. 그러나 스마트 교육 정책은 교사에게 실질적이고 자율적인 권한을 줄 것이다. 그만큼 교원에게 많은 기대를 하고 있으며 교원 역량을 제고하기 위해 노력을 기울이고 있다.

과거에 교사들은 아이들이 교실에서 하는 이야기를 이해하지 못하는 경우가 많았다. 가령 많은 학생들이 즐겨 하던 전략 시뮬레이션 게임의 경우, 아이들은 교실에서 늘 그 게임에 대해 이야기를 하는데 선생님은 관심도 없고, 이해도 못하는 것이다. 이처럼 교사와 학생은 서로 다른 세계에서 각자의 이야기만 했다. 이렇게 해서는 공감대를 형성할 수 없고 원활한 소통도 불가능하다. 그렇기 때문에 많은 학생들이 등교하는 것 자체를 답답해하고, 교사는 의무적으로 가르치기만 하니 당연히 서로 점점 더 흥미를 잃어 소외감을 느끼는 것이다.

지금의 우리 자녀들은 더 이상 선생님이 가르쳐 주던 지식의 울타리에 갇혀 지내지 않으려 한다. 모르는 지식은 즉시 포털 사이트에서 검색을 해보고 필요한 정보를 얻는다. 이에 교사는 예전처럼 자신이 가진 정보만으로는 권위를 누릴 수 없어져 공연히 아이들에게 버릇이 없다고 질책하기도 한다. 표면적으로는 그런 질책을 참고 들을 지언정 어떤 아이들이 공감하겠는가? 요즘 아이들은 멀티미디어에 대한 감각도 발달해서 다양한 감각을 동시에 요구하는 작업이나, 한 번에 여러 일을 동시에 하는 것도 능숙하다. 그런 아이들에게 학부모나 교사가 자신의 고정 관념에 따르라며 강요하고 질책한다면 아이들 또한 그에 공감하기 어려운 것이다.

따라서 교사들의 전면적인 마인드 전환이 필요하다. 앞으로 교육에서 교사의 역할은 점차 변할 것이다. 일방적인 지식 전달자에서 조력자, 촉진자 또는 멘토가 되는 것이다. 교육에 있어서 교사가 학생들과 소통하는 것은 너무도 중요하기 때문에, 무엇보다도 변화하는 아이들에게 공감하고 그들을 이해하려고 노력해야 한다.

교원의 역량 강화를 위해 중점을 두어야 하는 부분은 기술보다 철학적인 부분에 있다. 스마트 기술을 활용하는 것보다 중요한 것은 교사가 재량껏 수업을 진행하면서 부족한 부분을 보완하고, 좀 더 좋은 수업, 좀 더 효과적인 수업을 위해 스마트 기기를 활용해서 학생들과 함께 소통하고 체험하며 해결하려는 자세이기 때문이다.

교원 연수의 핵심은 아이들의 특성과 소통에 대한 인식을 변화시키고 새로운 매체의 효과적인 활용 방법을 찾는 것이다. 특정 애플리케이션을 어떻게 만들어야 할지가 중요한 것이 아니라 활용 방법 측면에서 어떻게 학생들의 눈높이에 맞게 효과적으로 활용할 것인가를 터득해 가는 것이 필요하다. 이것이 역량 강화를 통해 '스마트한 교사'를 더 많이 양성하고자 하는 이유이기도 하다.

스마트 교육 시대를 여는
디지털 교과서

디지털 교과서의 도입은 교육 내용의 측면에서 스마트 교육을 이끌어 가는 가장 중요한 과제에 해당한다. 이 장에서는 디지털 교과서와 디지털 교과서의 활용을 보다 효과적으로 지원하기 위한 교육 콘텐츠 오픈 마켓에 대해 살펴본다.

디지털 교과서는 교육 내용과 도구적인 측면에서 교육 환경의 실질적인 변화를 통해 우리 교육에 새로운 장을 열어 줄 것이다. 또한 교육적으로 활용할 수 있는 방대한 콘텐츠가 제도권 교육에 포함되게 함으로써 실질적으로 학교 교육의 범위를 넓히는 역할을 할 것으로 기대할 수 있다.

디지털 교과서란 무엇인가

　디지털 교과서를 한마디로 정의하면, 각종 디지털 단말기에서 사용할 수 있는 교과서라고 할 수 있다. 교육과학기술부는 디지털 교과서를 '학교와 가정에서 시간과 공간의 제약 없이 기존의 교과서, 참고서, 문제점, 용어 사전 등의 내용을 포함하고, 이를 동영상, 애니메이션, 가상현실 등의 멀티미디어와 통합해서 제공하며, 다양한 상호 작용 기능을 통해 학습자의 특성과 능력 수준에 맞춰 학습할 수 있도록 구현된 학생용 교재'라고 정의한 바 있다.

　외국에서도 디지털 교과서 개발이 활발히 추진되고 있다. 특히 미국의 경우는 정부 주도로 추진 중인 우리나라와 달리 애플, 아마존과 같은 사기업, 대형 교과서 출판사를 중심으로 새로운 시장을 형성해 가고 있다. 또한 우리나라에서는 초·중·고를 대상으로 디지털 교과서가 먼저 논의되고 있는 반면, 외국에서는 초·중·고를 넘어 대학교 교재까지 디지털로 전환하는 작업이 이루어지고 있다. 아마존의 킨들Kindle과 같은 전자책 전용 단말기의 등장과 함께, 애플사가 2012년 1월 기존의 전자책 유통 플랫폼에 디지털 교과서 유통 기능을 추가한 '아이북스 2'를 출시하면서 디지털 교과서는 더욱 주목받고 있다. 여기서 발전하여 이전처럼 단순히 디지털 단말기로 텍스트를 읽는 차원을 넘어 SNS 등을 이용한 상호 소통, 멀티미디어 콘텐츠와의 연계 등으로 그 기능이 확장되고 있다. 외국에서 처음으로 디지털 교과서 개발을 추진할 당시에는 높은 성장 가능성으로 주목받았지만, 콘텐츠 개발 부족, 유통 채널 문제 등으로 실제로는 큰 성과를 거두지 못했다. 하지만 최근에는 대학 교재로써 선호도가 높아지면서 점차 비중이 증가할 것으로 전망된다. 게다가 디지털 교과서는 학생과 교사, 학생 상호 간에 활발한 상호 소통을 가능하게 하고, 개별화된 맞춤 학습, 수준별 학습을 가능하게 한다. 또한 풍부한 멀티미디어 콘텐츠를 연동해서 활용할 수 있는 등 여러 장점이 있어 유용하게 사용될 것으로 보인다.

디지털 교과서의 특징은 기존의 서책형 교과서와 비교해 보면 더욱 확실히 알 수 있다. 기존의 서책형 교과서는 텍스트와 이미지가 중심이 되는 인쇄 기반의 학습 자료인 반면, 디지털 교과서는 생동감 있는 멀티미디어 학습 자료다. 서책형 교과서는 자료가 고정되어 있어 변환이 불가능하고, 자료를 수집하는 데 있어서도 많은 시간과 노력이 필요했다. 반면 디지털 교과서는 학습자의 필요에 따라 자유자재로 자료를 변환할 수 있다. 자료 수집의 측면에서도 디지털 교과서와 연동되는 다양한 교육 자료, 데이터베이스와의 링크를 통해 풍부한 학습 경험을 제공한다. 다시 말해서 기존의 서책형 교과서가 자료 연계 측면에서 각각 개별적이고 독립적인 형태의 구조라면, 디지털 교과서는 여러 교육 자료들을 관련 주제 등에 따라 연계할 수 있는 구조인 것이다.

학습 방법에 있어서는 서책형 교과서가 지식 전달 위주의 단방향적인 학습만 할 수 있었던 데 비해, 디지털 교과서를 활용하면 컴퓨터와 학생, 교사와 학생, 학생 상호 간, 학생과 관련 단체 간 쌍방향 개별 학습이 가능해질 수 있다. 끝으로 수업 방식에도 변화를 기대할 수 있다. 기존의 서책형 교과서는 학습자의 능력과는 상관없이 일방적인 지식 전달 수업을 할 수 밖에 없었지만, 디지털 교과서를 활용하게 되면 학습자의 능력에 따른 단계별 개별 학습이 가능하게 될 것이다.

디지털 교과서를 사용해야 하는 세 가지 이유

디지털 교과서에 대한 논의가 처음 시작된 것은 2000년 초반부터다. 점점 더 심화되고 있는 지식 정보화 사회는 개인의 다양성에 부합하는 보다 질 높은 교육을 원하게 되었다. 이에 발맞춰 교육계는 사회적 다양성, 학습자 개개인의 특성을 고려한 디지털 교과서 도입을 검토하기 시작했다.

근대 교육 제도가 완성되었을 때, 교육의 가장 중요한 매체는 서책 형식의 교과서였다. 우리나라 역시 모든 교육과 학습 활동이 교과서를 바탕으로 이루어졌다. 교육 내용의 변화 역시 교과서의 변화 과정과 대동소이할 정도로 우리 교육에서 서책형 교과서가 차지하는 비중은 지대했다. 현대에 이르러서는 교육 과정의 변화를 반영하듯 수준별 교과서, 차세대 교과서 등이 등장하기도 했다. 그러나 이러한 교과서의 변모와 발전에도 불구하고, 여전히 참고서와 문제집에 의존해야 하는 교육의 현실적인 문제는 해결되지 못하고 있다. 교과서는 단지 수동적인 지식 전달 도구로서 새로운 세대의 학습 특성에 적합하지 않기 때문이다.

디지털 매체에 익숙해진 새로운 세대에게 서책형 교과서와 같은 평면적 교과서는 더 이상 효율적인 교육 매체로 기능할 수 없게 되었다. 그에 따라 현재의 교과서가 갖고 있는 한계를 인식하고 이를 극복하기 위한 대안으로 디지털 교과서가 등장했다.

그렇다면 왜 기존의 교과서가 아닌 디지털 교과서를 써야만 하는지 세 가지 측면에서 생각해 보자. 먼저, 디지털 교과서는 교과서 본연의 기능에 더 충실한 교과서이기 때문이다. 디지털 교과서는 훨씬 더 방대한 정보를 담을 수 있고, 통계 자료를 주기적으로 편리하게 갱신할 수 있다. 또한 멀티미디어 콘텐츠와 학습 도구를 내장하여 더 유연하고 자율적인 방식으로 학습 활동을 촉진할 수 있다.

다음으로 사회적 변화에 따른 새로운 교육에 대한 수요가 증가하고 있기 때문이다. 산업 구조가 지식 중심으로 변화하고 정보 통신 기술이 발달하면서 단순히 지식을 암기하는 것이 아니라 고급 정보를 능동적으로 수용하고 창의적으로 적용하는 능력이 요구되고 있다. 그리고 사회가 다원화되고 학습자들의 정보 습득 경로가 다양해지면서 학습자가 주체가 되는 흥미롭고 자기 주도적인 학습에 대한 필요성 또한 높아지고 있다. 또한 교사와 학생의 관계에서도 학생이 교육에 있어서 수동적이지 않은 존재로 역할이 변화하기를 기대하고 있다. 디지털 교과서는 사회의 변화에 따른 이러한 교육적 요구에 능동적으로 부응하는 아주 효과적인 수단인 것이다.

끝으로 교과서뿐만 아니라 책 자체가 진화하고 있다. 종이책이 디지털 형태로 전환되는 것은 시대적인 흐름이다. 미국의 아마존 Amazon은 2011년 5월 기준으로 e-book 판매량이 종이책 판매량을 넘어섰다고 밝혔다. 반즈 앤 노블Barnes & Noble 역시 2011년 4분기에 온라인 서점을 통한 e-book 매출이 종이책 매출의 세 배에 달한다고 발표한 바 있다. 이에 못지않게 우리나라의 e-book 산업도 2010년 1975억 원 규모에서 2013년에는 5838억 원으로 성장할 것으로 전망되고 있다. 이러한 흐름이 힘입어 미국에서는 2012년 현재, 향후 7년 이내에 미국 시장에서 디지털 교과서 시장이 서책형 교과서 시장을 추월할 것이라는 전망이 나오기도 했다. 이처럼 e-book 시장의 성장, 진보된 디지털 기기의 보편적인 보급과 함께 교과서 역시 디지털화하는 것은 시대적인 흐름이라고 할 수 있다.

시대의 변화에 발맞춰 도입이 추진되고 있는 디지털 교과서가 우리 교육과 기존의 교과서가 안고 있는 한계와 문제를 모두 해결할 수는 없을 것이다. 그렇다 해도 디지털 교과서의 도입은 우리 교육에 혁신적인 변화의 바람을 불러일으킴으로써 제도권 교육을 한 단계 진일보하게 만들 것임은 분명하다.

상상했던 것이 현실이 되다

디지털 교과서를 통해서 교육 콘텐츠의 질과 양은 훨씬 풍성해질수 있다. 가령, 사회 과목에서 지구 온난화를 설명한다고 하면 기존의 서책형 교과서에는 텍스트와 함께 아마존 밀림의 나무가 쓰러져 있는 사진 등이 제시되어 있는 것이 전부였다. 반면 디지털 교과서에서는 온난화의 배경부터 그로 인해 발생하는 다양한 형태의 부작용까지 방대한 콘텐츠를 담을 수 있다. 특정 교과를 뛰어 넘어 화학적인 기호들도 포함시킬 수 있고, 멀티미디어 콘텐츠를 연동하여 킬리만자로의 눈이 줄어드는 장면이나 북극곰이 괴로워하는 영상까지도 보여 줄 수 있는 것이다.

수학의 경우 지금까지는 도형이 쌓여 있는 모습이 여러 방향에서 단면적으로 보이는 그림만 제시되어 학생들이 머릿속으로 전체 모습을 상상해야 했다. 그런데 디지털 교과서에서는 입체적인 도형을 만들어 360°로 돌려가면서 도형의 전체 모습을 한눈에 파악할 수 있는 것이다. 또한 이전에는 어떤 물체의 부피에 해당하는 것을 계산해서 도식화된 딱딱한 표로만 볼 수 있었는데, 디지털 교과서는 그런 부분까지도 입체적으로 보여 주면서 학생들의 이해를 돕는다. 이렇게 디지털 교과서를 활용하면 기존의 서책형 교과서와는 비교할 수 없을 정도로 풍성한 콘텐츠를 이용해 교육할 수 있는 것이다.

그리고 디지털 교과서를 이용하면 수준별로 맞춤화된 학습도 가능해진다. 디지털로 학년 간, 과목 간 다양하게 연계시킬 수 있기 때문에, 한 학급에서 똑같은 과목을 공부하더라도 기초 지식이 부족하다고 느끼면 해당 수준의 교과서를 보면서 공부할 수도 있는 것이다.

쉬운 예로 체육 수업에서 월드컵에 관해 배우다가 사회 과목과 연계해서 월드컵의 경제적 효과, 정치적 효과에 대해서도 학습할 수 있다. 이렇게 되면 교과 간 연계를 통해 연속적이고, 생동감 있는 학습을 할 수 있기 때문에 더욱 실질적이고 살아 있는 교육이 가능하다.

디지털 교과서의 기능적인 측면에도 주목할 필요가 있다. 여기에는 외부 자료를 찾아서 링크할 수 있는 기능뿐 아니라 필기할 수 있는 노트도 있고, 그렇게 필기한 내용을 교사에게 전송할 수 있는 기능도 있다. 또한 디지털 교과서 뷰어를 활용하여 학습자가 작성한 과제들을 포트폴리오로 정리해서 관리할 수 있는 기능을 추가할 수 있고, 그러한 포트폴리오와 다양한 자료들을 연계할 수도 있다. 이런 기능들은 학생 개개인이 주체가 되어 활용하는 것이고, 이렇게 풍부한 콘텐츠를 다양한 툴과 함께 다각도로 활용하면서 자료를 정리하는 능력, 스스로 학습하는 능력, 문제를 해결하는 능력이 길러지는 것이다.

디지털 교과서를 활용하면 학습자 간 협력 학습도 보다 원활해질 수 있다. 예전처럼 교사가 수업을 하고 학생들은 각자 자료를 찾아서 공부할 수도 있겠지만, 학생들의 참여와 창의성을 극대화하는 프로젝트 형태의 모둠 수업을 활성화하는 데도 디지털 교과서가 크게 기여할 것이다. 모둠 수업을 하게 되면 교사는 각 모둠별로 학생들에게 과제를 제시하게 된다.

예를 들어 사회 과목에서 조선 시대에 관해 배운다고 하면 첫 번째 모둠은 조선 시대의 시장에 대해, 두 번째 모둠은 조선 시대의 양반 사회에 대해, 세 번째 모둠은 조선 시대의 학문에 관해서 학습하라고 주제를 정해 준다. 그러면 각 모둠별로 교과서뿐 아니라 온라인으로 자료를 수집하고 프레젠테이션 도구로 정리해서 팀 프로젝트로 발표할 수 있는데, 이 과정 모두 디지털 교과서로 가능하다. 디지털 교과서는 기존의 지식을 담고 있는 역할을 넘어 지식과 관련된 활동을 촉진시키는 뷰어나 링크, 각종 학습 플랫폼과 쌍방향 소통을 지원하는 많은 기능들을 포함시킬 수 있는 가능성을 갖고 있기 때문이다.

교사가 기존의 서책형 교과서로 수업을 할 때는 수업의 폭을 넓혀 나가는 데 한계가 있었다. 하지만 이처럼 디지털 교과서를 이용하면 교사가 자유롭게 자신이 가르치는 내용을 선별하여 조절할 수 있다. 이로써 교과서를 매개로 단순히 지식을 전달하는 수업이 아니라 학생들이 참여할 수 있는 체험 중심의 수업을 이끌어 갈 수 있다.

장기적으로 이렇게 디지털 교과서를 중심으로 한 스마트 교육이 현실화되면 교사의 역할 또한 다양해진다. 조력자나 멘토로서의 역할을 하거나, 보다 높은 차원에서 학생들 간의 학습을 체계적으로 구성해 주는 구조 설계자로서의 역할이 주어질 수도 있다. 스마트 교육에 더해 스마트한 교사까지 있으니 당연히 학부모 입장에서는 마다할 이유가 없을 것이다. 이중, 삼중으로 보충 교재를 살 필요가 없어지고, 점차 사교육의 필요성도 느끼지 못할 것이다.

물론 디지털 교과서에 모든 교육 콘텐츠를 담는 것은 아니기 때문에 디지털 교과서와 연계한 콘텐츠 오픈 마켓의 역할도 중요하다. 오픈 마켓은 디지털 교과서를 보완하기 위한 콘텐츠 저장소의 개념이다. 디지털 교과서에 교육 콘텐츠의 핵심을 담고, 더 많은 교육 콘텐츠를 가진 오픈 마켓과 연동시키는 것이다. 구체적으로는 교과서 제도에 따라 어쩔 수 없이 검·인정 심의를 받아야 하는 이념적 문제나 중요한 학문적 관점과 같은 부분은 기본적으로 디지털 교과서에 담고, 링크 등을 통해 오픈 마켓과 연결해서 필요한 자료를 찾아보는 체제가 될 수 있다. 결국 교육 내용 변화의 핵심은 디지털 교과서에 있으며, 디지털 교과서로부터 교육의 변화가 시작되고 더욱 가속화될 것이다.

기존 교육이 갖고 있던 한계를 뛰어넘다

교육과학기술부는 2007년 '디지털 교과서 상용화 추진 방안'을 발표하여, 디지털 교과서의 법적인 지위를 분명하게 하고 디지털 교과서의 개념과 형태를 정하기 위한 시범 사업을 추진해 오고 있다.

2007년부터 현재에 이르기까지 디지털 교과서가 어떤 방향으로 나아가야 할지 연구학교를 중심으로 지속적으로 실험하고 있으며, 2014년부터 본격적인 적용을 앞두고 있다.

이 계획에 따라 2007년 초등학교 5학년 9개 과목에 대한 디지털 교과서 원형Prototype을 개발하여 시범 개발 사업의 토대로 삼았으며, 뷰어(플랫폼) 개발과 연구학교 운영 등이 추진되었다. 2008년에는 초등학교 5학년 6개 과목(국어, 사회, 과학, 음악, 영어, 수학)과 6학년 4개 과목(국어, 사회, 과학, 수학)에 대한 디지털 교과서 시범 개발을 추진했다. 또한 디지털 교과서를 효과적으로 활용하기 위한 디지털 교과서 뷰어를 윈도우와 공개 SW 기반으로 개발했다. 이를 바탕으로 디지털 교과서 연구학교 20개교를 운영했으며, 효과성 측정, 비용 편익 분석, 교수 학습 방법 등에 관한 정책 연구를 추진했다.

2009년에는 학생 수준 또는 학년 급에 따라 적용할 수 있도록 4종의 초등학교 영어 디지털 교과서를 시범 개발했으며, 연구학교가 112개 266학급으로 확대 운영되었다. 이어 2010년과 2011년에도 개정 교육 과정에 맞추어 기존에 개발되었던 초등학교 5, 6학년 국어, 사회, 과학, 수학 디지털 교과서를 수정·보완하여 100여 개의 연구학교에 적용했다.

이어 2011년 6월에 발표한 '스마트 교육 추진 전략'을 통해 2014년 이후 본격적으로 디지털 교과서를 적용하기 위한 연차별 추진 계획을 마련했다. 정부는 스마트 교육 추진 전략을 통해 디지털 교과서가 교육 현장에서 성공적으로 적용될 수 있도록 다음과 같은 추진 방향을 제시했다.

첫째, 디지털 교과서는 서책형 교과서와 병행하여 사용될 예정이다. 도입 초기의 혼란을 최소화하는 한편, 디지털 교과서가 학생에게 미치는 교육적 효과 등을 고려하면서 단계적으로 활용 범위를 확대시켜 나갈 예정이다.

둘째, 사용자의 편의를 고려하고 활용성이 극대화된 디지털 교과서를 개발한다. 학생들의 창의성과 상호작용 기능을 구현할 수 있는 최적의 디지털 교과서를 개발할 수 있도록 개발 표준을 마련할 것이다. 또한 디지털 교과서의 구조를 교과서 내용 자체, 멀티미디어 자료, 평가 자료 등으로 계층화하여 교과서 활용의 편의성과 자료의 재활용성을 극대화할 예정이다.

셋째, 다양한 스마트 기기에서 구현 가능한 디지털 교과서를 개발할 계획이다. 일반 PC는 물론 스마트 패드, 스마트 TV 등 다양한 기기에서 구현되도록 개발하여 어떠한 단말기에서도 디지털 교과서를 활용할 수 있도록 지원할 예정이다.

넷째, 스마트 학습 모델 개발과 연구학교 운영을 통해 디지털 교과서 활용 기반을 조성할 예정이다. 아울러 '교과용 도서에 관한 규정'을 비롯한 교과서 관련 법·제도를 정비해서 디지털 교과서를 안정적으로 개발하고 학교 현장에서 활용할 수 있는 기반을 마련할 것이다.

향후 본격적으로 도입될 디지털 교과서는 각종 디지털 기기의 발달에 따라 현재 가장 많이 쓰이는 데스크톱 컴퓨터뿐 아니라 태블릿, 스마트폰 등 단말기 종류와 무관하게 작동할 수 있게 될 것이다. 이렇게 된다면 각 학교에서도 기존의 장비나 학생들이 이미 갖고 있는 단말기를 활용하는 등 새롭게 장비를 마련해야 하는 부담을 덜 수 있을 것이다.

시범 사업을 통해 디지털 교과서의 영향을 관찰해 본 결과 아이들의 학습 방법이 확연히 달라지고 있음을 확인할 수 있었다. 서책 교과서의 경우 교과서를 읽으면서 참고서와 문제집을 병행하는 학습에 한정되어 있었다. 그런데 디지털 교과서는 콘텐츠가 풍부해지고 멀티미디어화되면서 아이들이 보다 흥미를 가지고 공부에 임하는 모습을 보였다. 또한 학생들 간의 협업이나 교사들과의 상호 소통이 자연스럽게 이루어져 보다 생동감 있고, 알찬 수업이 진행되었다.

주목할 만한 것은 학습자 태도의 변화였다. 디지털 교과서를 활용하면서 수치상 점수에 해당하는 학업 성취도 측면에서는 대체적으로 성적이 오르기는 했지만 큰 차이는 없었다. 그러나 학습 태도의 측면에서는 크게 달라진 것을 목격할 수 있었다. 학생들이 스스로 공부하려는 태도를 가졌고, 문제를 다양한 방식으로 해결하려는 모습을 보인 것이다. 장기적으로 관찰하여 통계를 낸다면 수치상의 점수에 있어서도 눈에 띄게 성과를 보일 것이라고 기대할 수 있는 부분이다.

연구학교에서 디지털 교과서를 활용하는 학생들은 디지털 교과서가 갖추고 있는 다양한 학습 도구들을 사용하여 마인드맵을 만들고, 직접 발표 자료를 파워포인트로 만들어서 등록하며, 발표를 한다. 그리고 모르는 내용은 스스로 인터넷에서 찾아 해결하고, 교과서와 연동된 지식을 새로 정리한다.

이 책의 1부에서 21세기형 인재를 길러 내야 한다고 강조한 바 있다. 디지털 교과서를 활용하게 되면 학생들이 자기 주도적인 학습을 하면서 문제 해결력이 상승하는 것은 물론이고, 1부에서 언급한 5C에 해당하는 21세기 학습자의 역량이 크게 증진될 것이라고 전망할 수 있다.

이처럼 디지털 교과서를 활용할 경우 개별화된 맞춤 교육이 가능한 것은 물론, 학습 태도의 변화와 같은 다양한 긍정적 변화를 기대할 수 있을 것이다. 또 교사는 수업을 준비하는 시간이 줄어들게 되고, 학생들의 학습 활동에 대해 수시로 점검할 수 있게 되는 동시에 교수·학습 자원 활용을 극대화하여 효과적으로 수업할 수 있을 것이다. 또한 학생은 온라인을 통해 학습 자원을 활용하게 되고, 이를 공유하면서 보다 적극적으로 참여할 수 있게 될 것이다. 무엇보다 자기 주도적인 학습의 기회가 훨씬 더 많아질 것으로 기대할 수 있다.

또한 디지털 교과서의 사용이 일반화되면 학생들도 보다 편해질 것이다. 어느 정도 한계가 있기는 하겠지만 교과서뿐만 아니라 참고서, 문제집, 사전 등 학습에 필요한 부수적인 모든 것들을 디지털 교과서에 담을 수 있어 가벼운 발걸음으로 등교할 수 있을 것이다.

아울러 다양한 멀티미디어 자료, 시뮬레이션 자료 등을 이용해서 현실 세계에서 체험하기 어려운 것들을 교육 자료로 활용할 수 있으며, 풍부한 학습 지원 도구들을 바탕으로 흥미로운 학습이 가능할 것이다. 예를 들면 외국어 시간에는 음성 인식이나, 말하기 테스트 기능 등을 통해 원어민에게 수업받는 것처럼 배울 수 있을 것이다. 또 음악 시간에는 유명한 예술가의 연주를 감상하는 것뿐 아니라, 스스로 음악을 작곡하고 특정 악기가 어떻게 연주되는지 즉시 확인해 볼 수도 있을 것이다.

디지털 교과서를 통해서 교육의 사각 지대가 사라질 것이라는 기대도 해볼 수 있다. 색맹이나 저시력자 등 기존의 서책형 교과서로는 제대로 교육을 받을 수 없었던 학생들도 디지털 교과서로는 아무런 장애 없이 수업을 받을 수 있다. 또 기존에 충분한 교육 혜택을 받을 수 없었던 산간, 도서 벽지의 학생들도 디지털 교과서를 통해 충분한 학습권을 보장받고, 양질의 교육에 대한 갈증을 최소화할 수 있을 것이다.

디지털 교과서는 단순히 교과서의 텍스트와 이미지를 디지털화하는 수준이 아니다. 미국의 경우에는 단순히 비용 절감의 차원에서 디지털 교과서를 개발하려는 경향이 강하다. 그러나 우리는 이와 달리 기존의 교육 방식이 가지고 있던 여러 가지 한계를 디지털 교과서를 활용해서 뛰어넘어 보자는 관점에서 접근하고 있고, 또한 그것이

가능하리라 전망하고 있다.

한편, 우리나라는 검·인정 교과서 체제를 시행하고 있기 때문에 심사를 받은 교과서의 내용을 임의로 수정하거나 추가할 수 없다. 수정, 삭제, 보완이 불가능한 것이다. 따라서 검·인정 교과서에 부족한 점이 있으면 보조 교재를 활용하거나 교과서가 바뀔 때까지 기다리는 수밖에 없다. 그러나 앞으로는 이러한 제도도 정비하여 디지털 교과서가 보다 자유롭고 폭넓게 활용될 수 있도록 할 것이다. 심사를 받은 기본적인 교과서 콘텐츠가 기반이 되겠지만, 플랫폼과 뷰어의 측면에서 여기에 다른 콘텐츠들을 자유롭게 추가하고 연계할 수 있게 하는 것이다. 이러한 기능들이 원활하게 구동될 때 디지털 교과서의 장점을 십분 활용할 수 있으리라고 본다.

그리고 과거에는 교과서가 한 번 정해지면 몇 년이 지나도 잘 바뀌지 않았고, 바뀌어도 내용이 크게 달라지지 않았다. 그러나 이제 디지털 교과서가 상용화되면 예측컨대, 수정이 필요한 상황이 생기면 수시로, 최소한 매년 새로운 교과서가 나오게 될 것이다.

이러한 흐름과 함께 교과서 제도가 현재의 검·인정 교과서 체제에서 전면적인 인정 교과서 체제로 넘어갈 것이라고 예상하기도 한다. 특정 학교에서 이 책을 교과서로 쓰겠다고 하면 그것을 교과서로 인정해 주는 것이다. 현재도 중·고등학교에서는 상당수 인정 교과서를 사용한다. 따라서 앞으로는 인정 교과서 제도와 디지털 교과서를 통해 필요한 경우 쉽게 언제든지 교과서가 제작될 수도 있을 것이다.

현재의 서책형 교과서 체제에서는 소수 학생들을 위한 교과서를 만들 수 없다. 가령 전문적인 자동차 기술자를 꿈꾸는 학생이 전국에 천 명이 있다면 지금은 그런 학생들을 위한 교과서를 따로 만들지 못한다. 그런데 디지털 교과서라면 얼마든지 가능한 것이다.

결국 다원화된 사회에 맞는 개별화된 맞춤형 학습을 위해 다양하고 풍부한 정보가 담긴 디지털 교과서를 만들고, 이를 정부가 제도적으로 인정해 준다는 것이 디지털 교과서 사업의 핵심이다. 스마트 교육이 실행되면 교과서의 질적인 면과 양적인 면에서 현재와는 비교할 수 없을 정도로 풍부하고 다양해질 것이다. 이것만으로도 우리나라 교육계에는 혁신적인 변화가 발생할 수 있다.

제대로 된 콘텐츠 오픈 마켓이 필요하다

교육 콘텐츠의 자유로운 이용을 위한 환경을 조성할 때 그 기반은 콘텐츠 오픈 마켓이 될 것이다. 콘텐츠 오픈 마켓을 통해 풍부한 콘텐츠를 기반으로 하는 자원 중심의 학습 방법이 사회 전반에 널리 알려질 수 있으리라 기대한다.

지금도 학생들을 위한 각종 교육용 콘텐츠를 만들어 필요한 교사나 학생들에게 공개적으로 제공하는 데 관심을 갖는 선생님들이 많다. 한 예로 우리나라 전국에 걸친 역사 유적지를 탐방하면서 각종 문화재와 유물들을 촬영한 교육용 동영상 콘텐츠를 제작하고 있는 교사가 있다. 그는 개인적으로 촬영 장비를 구입하여 경주 등지를 다니면서 동영상에 텍스트도 넣고 나름 정성을 기울여서 많은 콘텐츠를 만들었다. 그런데 막상 누구나 쉽게 쓸 수 있도록 제공하려다 보니 서비스하는 앱 스토어의 관리비 문제도 있고, 정작 자신은 무료로 공급하려고 하는데 정책적으로 맞지 않는 부분이 많아서 고민하고 있었다.

이런 사람들에게 교육 콘텐츠 오픈 마켓이 필요하다. 일선 교사들이 만든 교육용 콘텐츠를 자유롭게 올리고, 저작권을 보호하되 다른 교사들이 얼마든지 무료로 가져가서 편리하게 활용할 수 있는 공간이 필요한 것이다.

현재는 교사들이 특정 콘텐츠를 다운로드해서 수업할 때 사용하려고 하면 저작권 등 제도적인 문제가 생기는 경우가 많다. 저작권 담당 부처와 관련 이익 단체에서는 저작권에 대한 보상을 문제 삼으며 교육 콘텐츠의 자유로운 유통을 막기도 한다.

그러나 실제로 교사들이 손수 제작한 콘텐츠에 대해서 저작권을 이유로 경제적 보상을 원하는 경우는 많지 않다. 그저 다른 교사들이 이를 이용할 수 있고, 자신도 다양한 콘텐츠를 자유롭게 활용할 수 있기를 바랄 뿐이다.

물론 개별적인 경제적 보상이 아니더라도 명예나 지위 혹은 권한 등으로 보상할 필요가 있을 수는 있다. 그러나 무엇보다 시급한 것

160

은 그들이 만든 콘텐츠를 유통할 수 있는 장소를 만들어 주고, 활동을 지원하며, 제도적으로 제한되어 있는 부분을 완화시켜야 한다는 점이다. 교사들끼리 동호회를 만들게 해서 활성화되도록 지원해 주고, 서로 정보를 공유하게 하면 교육 콘텐츠의 개발이나 확산도 훨씬 빨라질 것이다. 이것이 교육 콘텐츠 오픈 마켓을 만드는 중요한 목적인 것이다.

오픈 마켓에서는 사기업에서 제공하는 콘텐츠와의 연동도 자연스럽게 이뤄질 것이다. 디지털 교과서가 가진 콘텐츠를 전반적으로 확대하는 것이기 때문에 콘텐츠를 최대한 풍성하게 해야 하며, 콘텐츠를 제공하는 유·무상의 다양한 수단과 방법이 모색될 것이다. 또 교과서 콘텐츠와 연관이 있는 출판사들의 다양한 콘텐츠를 융통성 있게 활용할 수 있도록 지원해 줄 필요도 있다.

이렇듯 교육 콘텐츠 오픈 마켓에는 교사들이 만든 것뿐만 아니라 각 분야의 전문 기관이나 전문가가 기부한 무료 콘텐츠, 유료로 비용을 지불해야 하는 사기업의 콘텐츠까지 다양하게 생산·유통될 것이다. 그리고 장기적으로는 일반인들이 참여하여 교육용 콘텐츠를 자유롭게 만들어지고 활용할 수 있게 되면서 스마트 교육이 사회 전반으로 확산될 것으로 기대한다.

10

즐겁게 배우는 스마트 교실

　이 장에서는 스마트 교육을 활용하여 교실의 모습을 생동감 있게 변화시키고 있는 선생님들의 수업 모습을 소개하고자 한다. 학교에서의 배움을 세상과 연결시켜 주는 통합 교실 수업, 동아리 활동, 봉사, 진로, 직업 체험 등 창의적 학습 활동의 폭을 넓혀 주는 창의 체험 활동 수업과 문제 해결 학습, 프로젝트 학습, 토의·토론 학습 등 학습자 활동 중심의 맞춤형 수업을 가능하게 해 주는 일반 교실과 특별 교실 수업을 통해 다양한 스마트 수업의 모습들을 살펴보도록 하자.

세상과 교실의 경계를 허물다 – 통합 교실 수업

황정회 선생님은 큰 학교에 있다가 조그마한 시골 학교로 내려와서 스마트 교육을 통해 아이들의 학습 태도를 전향적으로 변화시키고 있다. 어느 날 황 선생님이 근무하는 학교의 마당에 정체 모를 작은 새 한 마리가 날아왔다. 평소에 동물도감을 가지고 다니는 것도 아니기에 어떤 새인지 궁금해서 트위터에 사진을 찍어 올렸다. 그랬더니 5분도 채 되지 않아 어떤 전문가가 호반새라고 알려주었다고 한다. 그것이 작은 변화의 시작이었다.

황 선생님은 이런 학습 효과를 아이들과도 함께 누리고 싶었다. 그리고 교육의 발전은 비단 교사에 의해서가 아닌 다양한 미디어의 등장과 이를 많은 사람들이 사용함으로써 가능하다는 것을 깨달았다. 이로써 아이들의 학습에 있어서도 변화가 일어날 수 있다고 생각하게 되었다.

미래 학교의 모습은 어떨 것 같은지 학생들에게 물어보면 대다수의 아이들이 학교에 나오지 않고 집에서 공부할 것 같다고 대답한다. 이때 주목해야 할 것은 아이들이 가지고 있는 학교라는 개념은 단순히 지식을 얻을 수 있는 공간이라는 데 있다. 이제는 보다 다양한 지식을 학교 밖에서도 충분히 얻을 수 있다 그러므로 단순히 지식을 얻을 수 있는 공간으로서의 학교는 존재 의미를 다한 것이다. 학교는 무엇을 하는 곳이며, 학교는 무엇 때문에 존재하는가? 황 선생님은 등교를 하느냐 마느냐의 문제가 아니라고 말한다. 교육에 있어서 학교가 존재해야만 하는 이유이자 다른 교육 방법과의 가장 큰 차이점은, 학교에는 '학급 문화'가 있다는 것이다. 학급 문화는 개별 교사가 아이들과 만나는 방식이며 아이들 곁에서 삶을 살아가는 각자의 모습이다. 모든 교사들에게는 나름의 학급 문화가 있다. 그리고 그 학급 문화 속에서 아이들과 배움을 함께 하는 것이라고 황 선생님은 말한다.

황 선생님이 만들어 낸 학급 문화는 함께하는 책 읽기와 웹을 통한 학습이다. 황 선생님이 이 두 가지를 가지고 아이들과 소통하듯, 다른 많은 교사들도 그들만의 학급 문화를 통해 아이들을 만날 것이다. 황 선생님은 이런 학급 문화가 수업이며 교육 자체라고 여겼다.

황 선생님이 시도한 새로운 사례 중에는 다양한 직업을 학생들 스스로 찾고, 정리하고 교류하는 활동이 있었다. 황 선생님은 초등학교 4학년 학생들에게 '생산 활동과 직업의 세계'라는 제목으로 다음과 같은 과제를 내 주었다. 첫째, 우리 주위의 다양한 직업 살펴보기, 둘째, 사회 변화에 따른 직업의 변화 알아보기, 셋째, 기업의 종류와 기업의 사회적 역할 정리하기였다. 이렇게 과제를 정리한 후 트위터를 통해서 다양한 사람들과 이야기를 나누고 질문을 해보자고 했다.

당시 황 선생님이 지도하는 학생 수가 36명이었는데, 트위터를 통해 학생들이 서로 나누는 이야기를 실시간으로 살펴볼 수 있었다고 한다. 학생들의 활동 내용과 서로의 의사소통 과정을 트위터를 통해 교사가 함께할 수 있었던 것이다. 이렇게 과제를 수행했는데 한 모둠은 디자이너와 관련하여 공공 미술을 하는 사람들을 찾았고, 의사를 꿈꾸는 다른 한 모둠은 온라인 병원 카페의 의사 선생님들을 찾았다. 이 카페에서 활동하고 있는 의사 선생님에게 아이들이 트위터로 세상을 바꾸는 직업들에 대해서 어떻게 생각하는지에 대해 질문했다. 이에 그 의사 선생님은 '세상을 바꾼다는 것은 어느 날 갑자기 세상이 바뀌는 것이 아니라 변화되고 싶은 마음들이 모여서 세상을 바꾸는 것이겠죠'라고 답해 주었다.

의사 선생님의 말처럼 변화를 꿈꾸는 작은 마음들이 모여서 세상이 바뀐다는 것, 그것이 바로 황 선생님이 아이들에게 하고 싶은 말이었고, 그 수업의 핵심 주제였다. 이렇게 SNS를 활용하면 교사가 직접 해답을 제시하지 않아도, 아이들이 다양한 경로를 통해서 핵심적인 답변에 도달할 수 있다. 이처럼 스스로 흥미를 가지고 교실을 뛰어넘어 넓은 시각으로 학습하는 것이 스마트 교육의 중요한 특징 중 하나라고 할 수 있을 것이다.

다음으로 황 선생님은 SNS를 통해 온라인으로 전문가를 연결하는 것에 만족하지 않고, 직접 눈으로 볼 수 있거나 귀로 들을 수 있는 기회를 마련하고자 했다. SNS를 통해 아이들의 삶과 경험을 더욱 넓혀 주고 싶었던 것이다. 그래서 아이들이 좋아하는 인터넷 웹툰 작가와의 만남을 주선했다. 이 작가에 대한 사전 조사를 통해 그가 트위터를 하면서 어떤 생각을 하고, 무엇을 하는지, 현재 관심사가 무엇인지까지 알 수 있었다. 그리고 직접 전화 인터뷰를 통해 아이들과 대화를 나누며, 웹툰 작가의 세계에 대해서 더욱 깊이 있게 이해할 수 있는 기회를 가졌다. 이러한 과정이 학교를 뛰어넘은 배움의 기회가 되고, 진정한 학습으로 이어지는 것이다. 황 선생님은 아이들의 삶을 풍요롭게 하는 것이 무엇인지에 대해 끊임없이 고민한다. 아이들을 만나는 모든 과정이 배움이고, 그 배움은 아이들의 삶 속에서 찾아야 한다는 것이다. 황 선생님이 추구하는 것은 '삶이 곧 앎이 되는 수업'이다.

황 선생님이 추구하는, 삶이 곧 교육이 되는 가장 좋은 수업 사례 중 하나로 '서울 여행 프로젝트'가 있다. 주어진 일정한 금액으로 어떻게 하면 서울 여행을 가장 즐겁고 유익하게 할 수 있는지 아이들이 스스로 조사하게 하는 것이다. 전교생이 40명이 채 안되는 작은 학교의 특성을 살려 3학년에서 6학년까지 무학년으로 모둠을 구성하고, 주어진 예산 내에서 하루 동안 서울 여행을 어떻게 다녀올 것인지 다양한 방법으로 조사하고 발표했다. 아이들 스스로 할 수 있다는 믿음을 통해 현장학습을 직접 준비하고 그 계획에 따라 교사들이 아이들의 계획이 이루어지도록 도와준 것이다. 전교생이 모인 여행 발표회 시간에는 1학년부터 6학년까지 모든 학생들이 모여 모둠별 여행 상품 발표를 들었다. 궁금한 점을 질문하고 부족한 것을 보충하며 학생들은 함께 할 여행을 스스로 준비하고 채워 나갔다.

이 발표회에서는 큰 전지에 마인드맵을 그려서 발표한 모둠도 있었고, 파워포인트를 사용하거나 최신 프리젠테이션 도구를 사용하기도 하고, 온라인 지도 검색을 통해 거리와 장소를 정확하게 찾아내기도 했다.

황 선생님은 스마트 교육도 이러한 맥락에서 시작해야 한다고 말한다. 그러면서 학생들과 진행한 '도서관 장서 선정 프로젝트'를 소개했다. 황 선생님은 '네이버 마을 학교 도서관 지원 사업'에 선정되어 2천 권의 책을 지원받게 되었는데, 이 책들을 아이들과 함께 직접 선정했다고 한다. 이 선정 과정을 가장 효율적으로 진행할 수 있는 방법은 학생 한 명 한 명이 컴퓨터실에 가서 자기 컴퓨터로 온라인 서점에 로그인한 후 읽고 싶은 책을 장바구니에 넣으면 된다. 또는 온라인 협업 도구를 활용하여 구글 문서로 함께 도서 목록을 작성할 수도 있었다. 하지만 황 선생님은 이번 프로젝트는 전통적인 교실에서의 방법을 그대로 사용했다. 학교 도서관에 보관된 각종 출판사의 홍보 책자와 도서 목록을 학생들이 머리를 맞대고 직접 살펴보고, 읽고 싶은 책을 메모지에 적어 도서관 벽을 가득 메우게 했다. 그리고 그 메모지 앞에서 다른 친구들에게 이 책이 도서관에 꼭 있어야 하는 이유를 발표하고 설득하는 과정을 거쳤다. 그 후 학생들은 서로의 발표를 듣고 도서관에 비치될 책 목록에 스티커를 붙이는 방식으로 최종 도서관 장서를 선정했다. 황 선생님은 스마트 교육이 시작됨에 따라 스마트 기기가 보급되면서 학교에 있는 기기를 사용해야만 할 것 같은 유혹에 빠지는 것을 경계했다. 이 모든 것은 교육의 과정이기 때문에 스마트 기기는 경험을 확장하는 수단으로 쓰일 뿐 편리함을 위한 도구로만 활용되어서는 안 된다. 그것은 오히려 본래의 목적인 다양하게 경험할 수 있는 기회를 빼앗는 것이나 다름없기 때문이다.

앞서 호반새에 관해 잠깐 언급했는데, 최근에 황 선생님이 수업을 하고 있을 때 다른 종류의 새가 날아와 창문에 부딪친 일이 있었다. 이번에는 바로 트위터에 올리지 않고 아이들이 스스로 찾아보고 확인하게 했다. 결국 박새라는 것을 알 수 있었고, 이 새가 암컷인지 수컷인지도 알아보게 되었다. 여기에서 끝났다면 기존의 학습 방법과 똑같다. 그런데 황 선생님은 이러한 과정을 트위터에 올렸고, 처음에 호반새라고 알려 주었던 전문가가 아이들과 선생님이 나눈 이야기를 듣고는 박새와 관련된 보다 깊이 있는 자료를 보내 주었다. 학생 스스로 탐구하고 이를 소셜 네트워크를 통해 확장시키는 것, 이것이야 말로 과거의 교육과 스마트 교육을 구분하는 하나의 전환점이라 할 수 있다.

황 선생님은 학급 문화에 대해 다시 이야기한다. 다양한 학급 문화를 통해 아이들이 성장하고 배움을 이어가듯 스마트 교육 역시 다양한 학급 문화 중 하나라는 것이다. 어느 교육 방법 하나가 절대적으로 모든 배움을 한 번에 해결해 줄 수는 없을 것이다. 하지만 역설적이게도 그렇기 때문에 지식 사회의 변화와 기술의 발전에 따른 다양한 학습 패러다임 역시 우리 현장에서 꼭 필요한 부분이다. 기존의 여러 교육 방법과 함께 스마트 교육 역시 아이들의 삶과 배움을 즐겁게 할 수 있는 좋은 기회가 될 것이라고 말한다.

소통으로 새로운 가치를 만들다 – 창의 체험 활동 수업

일반적인 독서 지도 방법은 아침 독서, 독서 기록장 활용, 독서 나무와 같은 것이다. 아침 독서는 아침에 학교에 도착하자마자 책을 읽는 것인데, 아이들뿐만 아니라 선생님까지 다 함께 읽는 것이다. 그리고 독서 기록장을 작성하고, 독서 나무라는 독서의 급수를 정해 독서를 많이 한 아이들에게 상을 주고 독서를 장려하는 방법을 사용한다.

많은 선생님들이 이러한 방식을 채택하고 있다. 이 과정의 일환으로 아이들이 독서 감상문을 잘 써 왔을 때, 선생님이 이를 읽고 "참 잘 썼구나" 등으로 칭찬해 주면 아이는 무척 뿌듯해한다. 그리고 "아, 너는 이런 생각을 했구나"라고 공감해 주면 역시 기뻐하며 더 노력하는 모습을 보이곤 한다.

그런데 동일초등학교의 김현정 선생님은 이것만으로는 뭔가 부족한 것 같은 느낌이 들었다. 그래서 요즘 전 세계에 불고 있는 '웹 2.0'의 철학을 여기에도 적용하면 어떨지 생각해 보았다. 결국 독서 교육에 웹 2.0이 가지고 있는 참여, 개방, 공유의 철학을 도입하기로 마음먹고 SNS에 주목했다. 김 선생님은 많은 사람들이 페이스북이나 트위터와 같은 SNS를 통해 참여를 유도하고, 인맥을 맺고, 서로 자극하고, 뭔가 더 활동적으로 변하는 것을 봤기 때문이다. 그래서 그녀는 자신과 개별적으로 관계를 맺었던 아이들을 한 명 한 명 서로 묶어 주기로 했다.

이렇게 소셜 책벌레 프로젝트는 함께 책을 읽고, 생각을 나누며, 깊이 있게 사고하는 경험을 통해서 독해력, 사고력, 사회성을 발달시키려는 목적으로 시작되었다. 책을 읽고 단순히 '아, 잘 읽었다'로 끝나버려서는 안 된다는 것이다. 김 선생님은 그 이후의 행동을 이끌어내기 위해서 먼저 책 읽기에 흥미를 갖게 만들고, 독서 지도 프로그램에 따라 책을 읽게 해야겠다고 생각했다. 또한 거기서 멈추지 않고 좀 더 깊게 생각하고 사고력을 발달시킬 수 있는 프로젝트를 고민하면서 더 나아가 학생, 교사, 학부모가 다 같이 모일 수 있는 방법을 구상했다.

그래서 온라인 백과사전인 위키피디아와 같은 집단 지성을 활용하기로 했다. 많은 SNS 중에서 아이들이 사용하기 편리한 인터페이스를 가진 '유저 스토리'라는 SNS가 있어 이를 사용했다. 여기에 가입하면 개인 서재를 만들 수 있어 아이들이 서로의 독서 성향을 알 수 있었다. 가령, 역사를 좋아하는 친구라면 서재에 역사책이 많은 것이다. 선생님이 학생들과 1년 동안 같이 활동해도 아이들이 각자 어떤 책을 많이 읽는지 알 수 있는 방법이 없었는데, 이 SNS를 활용하면 한 번에 알 수 있어 그 아이에 대해 보다 깊이 이해할 수 있는 것이다. 한편, 이 SNS의 그룹 페이지 기능을 사용하면 함께 읽기 좋을 만한 책을 추천하고 그에 대한 생각을 한곳에 모아서 볼 수 있다. 이와 같이 SNS에는 독서 지도에 유용한 많은 기능들이 있다.

그리고 김 선생님은 담임선생님으로서 아이들에게 필요한 것을 제공해 줄 만큼 특별한 능력이나 경제적인 여유가 없다는 것에 좌절하지 않고, 그에 대한 대체 방안을 찾기로 했다. 그래서 고민한 끝에 학급 문고를 활용하기로 했다. 학급 문고는 대부분 한 권씩 기부받는데, 몇 권 조금 더 늘려서 받는 형태로 각자 갖고 있는 좋은 책을 같이 읽을 수 있게 한 것이다. 다만, 책을 빌려주고 돌려받는 체계이므로 확인이 필요할 것 같아 A4 용지로 도서 대출 카드를 만들었다. 이것을 친구에게 전해 주면 그 친구는 책을 빌려주고, 다 읽고 돌려주면 다시 도서 대출 카드를 반납하는 것이다. 이 활동은 무엇보다 아이들이 매우 좋아했다.

그 과정을 구체적으로 살펴보면, 먼저 책 한 권을 정해서 웹 독서 토론을 했다. 『아낌없이 주는 나무』라는 책을 읽고 토론 주제를 학습자 스스로 결정해서 독서 토론에 참여했다. 물론 자신의 주장과 뒷받침할 수 있는 근거를 덧붙이게 하고, 서로 다른 의견을 비교하면서 토론을 이어 갔다.

그리고 또 하나의 사례로 4학년 교과서에 '비사치기'라는 민속놀이가 나오기에, 우리나라의 민속놀이를 모두 조사하여 민속놀이 백과사전을 만들기로 했다. 아이들은 각자 민속놀이에 관한 책들을 모아 자료 조사를 시작했고, 각자 읽은 책을 참고해서 백과사전을 만들었다.

당시 김 선생님은 교과서에 비사치기라는 단어가 나오자 "이게 뭘까?"라고 아이들에게 물어보면서 민속놀이에 대한 이야기를 시작했다. 그러면서 "우리나라에 민속놀이가 뭐가 있을까?" 하니 아이들이 순식간에 60여 가지를 말했다. 이에 "그러면 우리 이렇게 잘 아는데 민속놀이를 가지고 백과사전을 만들어 볼까?" 하고 제안한 것이다. 그래서 아이들은 도서관이든 서점이든 뛰어다니며 각자 구할 수 있는 민속놀이에 관한 책들을 모았다. 그리고 이를 정리해서 민속놀이에 관한 설명이 담긴 백과사전을 위키피디아에 만들었다. 이러한 과정은 아이들에게 있어 굉장한 경험이었다. 물론 초등학생들이었기 때문에 유저 사용자 페이지에 만들 수밖에 없는 아쉬움이 있었지만, 아이들에게는 유익한 경험이 되었다.

그 다음에 구글 문서 도구를 이용해서 독서 퀴즈를 진행했다. 구글 문서 도구 중 설문 조사에서 주로 이용하는 양식을 사용하여 아이들에게 독서 퀴즈를 만들어 보라고 했다. 독서 퀴즈를 만들면 자신만 지식을 갖고 있는 것이 아니라 공유할 수 있기 때문이다. 그래서 학생 개개인이 직접 읽은 책을 활용하여 독서 퀴즈를 만들었다. 그렇게 같은 반 학생들이 서로 공유하고 참여하여 퀴즈를 푸는 과정에서 책에 관한 관심도와 흥미가 매우 높아졌다. 아이들은 과정 하나하나를 즐겼고, 서로 토론하며 공동 편집을 하면서 집단 지성을 경험하고 더욱 깊이 있는 사고를 하게 되었다. 결과적으로 학생들 스물일곱 명 중 스물여섯 명이 이러한 방식에 대해 적극적으로 찬성했고 학부모는 학생들을 대견해했다. 이 과정에서 학생들이 얻게 된 것을 다시 한 번 정리해 보면 다음과 같다.

1. 책을 같이 읽고 생각을 나누는 독서 생태계 조성
2. 책에 관한 타인의 생각을 받아들이고 자신의 생각을 표현하는 과정을 통해 서로 교류하면서 더욱 깊이 있는 사고 가능
3. 책의 내용, 주제, 생각할 문제에 대해 교실과 온라인에서 독서 토론
4. 위키피디아의 공동 편집, 집단 지성의 경험
5. 위키피디아의 기여도, 의견 충돌, 토론 경험
6. 위키피디아 편집자들과의 만남을 통해 저작권의 중요성 습득
7. 구글 양식을 활용한 온라인 자료 조사 경험
8. 학습 발표와 준비 과정에서의 협업
9. 책을 좋아하는 일반인들과의 만남과 자극
10. 소셜 네트워크에서 친구 맺기의 선별 능력 획득
11. 학급 문집을 공동으로 만들어 봄으로써 책 공동 출판의 경험
12. ICT 도구 활용에서 친구 선생님 역할
13. 같은 책을 읽은 친구들과 공감대 형성·친교 활동

14. 책을 빌려주고 돌려받는 과정에서 서로에 대한 신의 증가

15. 유저 스토리 SNS 개발자와의 만남을 통한 진로 교육

한편으로 집단 지성을 활용하는 데도 의견 충돌이 있다. 그래서 이렇게 의견 충돌이 있을 때는 어떻게 풀어 나가야 하는지에 대해서 선생님 자신도 많이 배웠다고 한다. 그리고 온라인 자료 조사나 협업 과정에서 책을 좋아하는 많은 일반인들과 연결된 것도 의외의 수확 이었다.

김 선생님은 SNS를 활용하여 독서 교육을 할 때 그 무엇보다도 목적이 분명해야 한다고 강조한다. 목적 없는 SNS는 아무런 필요가 없다는 것이다. 현재 우리나라에도 미투데이를 비롯한 많은 SNS가 있는데, 분명한 목적이 없다면 SNS 공간은 쓰레기장처럼 변질되는 경우가 많다.

김 선생님도 처음 스마트 교육을 시도했을 때에는 아이들이 SNS를 활용하지 못할 것이라고 생각했다. 그런데 시간이 지나자 아이들이 자신만의 커뮤니티를 만들고 그 커뮤니티의 운영자가 되어, 오히려 자신이 모르는 것을 알려 주는 모습을 발견할 수 있었다. 그만큼 SNS와 같은 스마트 도구들은 아이들에게 친화성이 높은 것이다.

단, 아이들에게 부족한 방향성은 교사가 분명하게 제시해야 한다. 김 선생님은 아이들에게 목표 없는 SNS 사용은 등대 없는 배와 같아서 금방 난처한 상황에 처할 수 있다고 경고했다. 그리고 SNS는 개

인의 일기장이 아니라 나 자신을 방송하는 일이기 때문에 주의 깊게 사용해야 한다고 지도했다. 독후감도 공책에 쓰고 싶다면 직접 쓰게 하면서 무조건 SNS를 사용할 필요는 없음을 상기시키고, 상황에 따라 효율적으로 선택해서 활용할 수 있도록 가르쳤다. 이 프로젝트가 성공할 수 있었던 가장 큰 원인은 '책'이라는 분명한 테마가 있고, '책을 많이 읽자'는 목적이 분명했던 데에 있다. 책을 중심으로 친구를 맺고 서로 협력하는 프로그램을 많이 진행했고, 그것이 효과를 거둔 것이다. 몇 가지 예를 들면 역사책과 관련해서 책을 시대 순으로 분류하고 독서 생태계를 강화했으며, 독서 중심으로 수업을 진행하려고 했다. 견물생심이라는 말도 있듯이 책을 자주 접하게 해서 이른바 '견책생심'이 가능하도록 했고, 국어 단어를 많이 익히게 했다. 이렇게 한 달간 진행했더니, 아이들은 책에서 읽은 내용이 교과서에 나와서 공부가 재미있다며 메일을 보내 왔다. 그리고 이렇게 스마트 교육을 활용한 독서 교육을 하면서 앞서 말했던 열다섯 가지의 성과 이외에도 더 중요한 성과를 얻었다. 한 반의 스물일곱 명 전원이 모두 친구가 되고, 협력적 집단 지성을 활용할 수 있게 되었으며, 친구가 서로의 선생님이 되어 왕따 없는 교실이 된 것이다.

김 선생님은 『우리 아이들 누구나 잘 배운다』라는 책을 흥미롭게 읽었다고 한다. 이 책을 보면 학습은 인간의 기본적인 욕구이며, 궁금해하는 그 순간이 학습이 일어날 수 있는 기회라고 말한다. 그런데 문제는 아이들이 원하지 않는 내용을 억지로 알려 주려는 교사에게 있다는 것이다. 한 번은 김 선생님이 동료 선배 교사의 말을 듣고 깜짝 놀란 적이 있었다. "우리 애들은 어찌나 말이 많은지 머리가 다 아파. 난 발표 안 시켜." 우리 교육의 문제는 아이들이 아니라 교사와 기성세대에게 책임이 있다. 학생들을 진정한 학습으로부터 소외시키고, 학생들이 원하지 않는 일방적인 수업만 강요해서는 올바른 교육이 이루어질 수 없다.

이처럼 김 선생님은 한 사람의 교사로서 진정한 미래 학습자들을 기르기 위해 스마트 교육을 통해서 이런 문제들을 해소해 나가고 있다. 그리고 보다 많은 기성세대와 선생님들이 스마트 교육을 이해하고 함께 그 길을 걸어 나가기를 바라고 있다.

스마트한 소통이 학습의 질을 높인다 – 일반/특별 교실 수업

계성초등학교는 서울 반포동에 있는 사립초등학교다. 이 학교의 조기성 선생님이 스마트 수업을 도입한 것은 2011년부터인데, 사립학교인 관계로 디지털 교과서 연구학교에 해당되지 않아 스스로 방법을 찾아본 것이 그 계기가 되었다.

이 학교의 스마트 교실에서는 학생이나 교사 모두 수업 중 한눈을 팔기 힘들다. 학생과 교사의 단말기를 통해 수업 상황을 실시간으로 파악할 수 있기 때문이다. 예를 들어 과거에는 평가를 할 때 일일이 돌아다니면서 검사했는데, 스마트 교실에서는 파일을 공유함으로써 간단히 해결할 수 있다. 학생이 시험 문제를 풀면 기기에 모두 표시가 되는 것이다. 이를 통해 문제를 푸는 데 어려움이 없는지, 어떤 문제를 풀고 못 푸는지를 실시간으로 확인해 그에 맞게 지도할 수 있다.

스마트 수업을 도입하고 나서 가장 좋은 점은 학생이 교사에게 자유롭게 질문할 수 있다는 것이다. 부끄러움을 많이 타는 학생들도 기기를 통해 눈치를 보지 않고 질문할 수 있다. 그러면 교사는 여러 질문 중 다수가 궁금해하는 질문이나 기발한 질문에 대해 답을 해 주고, 그렇지 않은 질문들은 수업이 끝난 후 SNS 등을 통해서 개별적으로 답해 줄 수 있다. 특히 학부모 참관 수업에 이 기능을 사용해 학부모들이 궁금해하는 점을 실시간으로 해결해 주기도 했다.

무엇보다 중요한 것은 실시간으로 피드백할 수 있다는 것이다. 아이들이 온라인 게임을 좋아하는 이유는 피드백이 즉각적으로 오기 때문이다. 스마트 교실 환경에서는 특정 과목의 문제 10문항을 풀면 예전처럼 2, 3일을 기다리는 것이 아니라 바로 결과를 알 수 있고, 그에 맞춰 공부할 수 있다. 현재 진행 중인 수업을 잘 들으면 즉각적으로 좋은 피드백이 오니 학습을 즐길 수 있게 되는 것이다.

그럼 이제부터 계성초등학교가 스마트 교육을 도입해서 과거의 교육과 어떤 차이점을 만들어냈는지 구체적으로 살펴보도록 하자. 기존의 교실과 스마트 교실을 다양한 기준으로 비교해서 살펴보면 스마트 교실의 장점이 보다 분명하게 드러난다.

먼저 모니터링과 제어 수단으로 보면, 예전에는 교실에서 학생들이 문제를 풀 때 선생님은 교실을 돌아다니며 학생들을 감시했다. 하지만 스마트 교실에서는 학생들이 인터넷으로 교과 내용을 검색하는 동안, 교사는 전자 칠판을 통해 학생들의 검색 결과를 전체적으로 모니터링한다.

다음으로 칠판, 스크린 공유의 관점에서 과거 교실에서는 먼저 교사가 학생들이 작업한 내용을 일일이 돌아다니면서 확인하곤 했다. 이때 지목받은 학생은 앞에 나가서 문제를 풀거나 본인이 작업한 내용을 말로 설명했다. 하지만 스마트 교실에서는 학생들의 개별 작업물을 함께 확인하고 소개하면서 수업 집중도를 높인다. 학생이 개별적으로 정리하거나 검색한 내용을 교사가 전자 칠판에서 확인하고, 그중에서 우수한 자료를 골라 화면에 보여 주었다. 또한 학생들은 서로 자료를 공유하면서 참여도가 높아졌다.

콘텐츠 공유의 측면에서 스마트 교실에서는 수업 중 필요한 자료를 함께 검색하고 공유하면서 수업의 재미와 참여도를 높일 수 있다. 지금까지의 교실에서는 선생님이 사전에 준비한 교육 자료 위주로 학생들에게 보여 주었다. 반면 스마트 교실은 선생님이 수업 중에 학생들에게 보여 주고 싶은 동영상이 있으면 학생들에게 키워드로 검색할 수 있도록 알려 주고, 학생들이 각자 동영상을 검색하여 시청한다.

질의응답과 퀴즈 시간에는 스마트 교실의 경우, Q&A 기능을 통해 학생들에게 자유롭게 질문하면서 교사는 계속 수업을 진행할 수 있다. 반면 이전 교실에서는 학생이 질문할 것이 있으면 손을 들었고, 여러 명이 손을 들었을 때 교사가 일일이 응대해 주지 못하는 경우가 많았다. 하지만 스마트 교실에서 학생들이 태블릿을 사용하게 되면서 궁금한 점이 있을 때는 개별적으로 검색하여 궁금증을 해소할 수 있었다. 수업 중 의문이 생기면 각자 사전 검색을 통해서 실시간으로 확인했고, 사전에 있는 다양한 예문을 참고하며 학습 능력을 증진시킬 수 있었다. 다소 산만한 분위기로 느껴질 수도 있지만, 그것 역시 자기 수준별 학습을 행하는 데서 오는 자유로운 모습이었다. 또한 스마트 교실에서는 교사가 수업 이해도를 확인하기 위해 퀴즈를 내면, 학생들이 각자 퀴즈 답안을 교사에게 바로 보낸다. 교사는 학생들의 전체 정답률을 토대로 수업 내용을 얼마나 이해했는지 실시간으로 확인하고, 결과를 "다 맞은 사람은 ○○○, ○○○ 두 명이다" 식으로 알려 줄 수 있었다. 또한 교사는 학생들의 이해 수준에 따른 복습 과제를 제시해 줌으로써 수준에 맞는 후속 학습이 이루어질 수 있도록 했다.

디지털 기기 사용의 관점에서 보면 스마트 교실은 다양한 필기 기능을 통해 필기 시간을 줄이고 자기만의 방식으로 학습 내용을 정리할 수 있다. 그러나 과거 교실에서는 선생님이 칠판에 쓴 내용을 노트에 그대로 옮겨 적었다. 교사는 학생들이 필기를 마칠 때까지 기다렸고, 모두 쓴 것을 확인한 후에야 수업을 진행할 수 있었다. 하지만 스마트 교실에서는 수업 중에 학생 개개인이 태블릿으로 학습 내용을 정리한다. 학생들은 각기 펜 메모, 하이라이트, 복사와 붙여 넣기, 캡쳐 기능을 활용하여 간편하고 신속하게 필기할 수 있다. 또한 이렇게 기록한 자신의 학습 노트를 웹 하드디스크에 저장해서 집에서도 그 파일을 불러 들여 복습할 수 있었다.

마지막으로 스마트 교실에서는 수업 관련 공지를 학생들에게 편리하게 전달할 수 있다. 과거에는 말로 전하고 일일이 적어 놓았던 것을 지금은 아이들이 미리 알 수 있도록 시간표와 오늘 해야 할 일 등을 미리 공지하는 것이다.

실제로 계성초등학교에서 스마트 스쿨을 도입한 이후 학업 만족도는 63.5점에서 85.1점으로 상승했으며, 학업 성취도 역시 1.2%에서 1.5%로 상승했다. 수업 만족도의 경우 수업 편의성은 56.5점에서 91.7점으로, 학습 흥미도는 61.8점에서 90.8점, 문제 해결력은 73.4점에서 82.9점, 수업 이해도는 69.1점에서 83.1점, 자기 주도 학습은 71.7점에서 80.6점, 수업 참여도는 69.2점에서 77.2점, 학습 몰입도는 65.4점에서 70.9점으로 모든 항목에서 점수가 상승했다.

그러나 이러한 점수화된 수치보다도 학교에서 장난만 치던 아이가 꼬박꼬박 필기를 하고 열심히 공부해서 성적이 오른 모습, 질문을 하지 않던 아이가 질문을 하게 된 것이 스마트 교육을 시도한 선생님에게는 가장 큰 성과였다. 학부모들 역시 아이들이 공부를 즐길 수 있다는 것에 매우 만족했고, 수업을 참관하면서 실제로는 상상하기도 힘든 것을 단말기 하나로 다양하게 체험할 수 있다는 사실에 놀라워했다. 우주에 직접 갈 수 없어도 우주여행을 할 수 있고, 제주도 풍경을 볼 수 있으며, 박물관에 가지 못하더라도 교육용 콘텐츠로 박물관에 전시된 것을 보면서 관람할 수 있는 것이다. 실제로 한 학부모는 예전에는 자기 아이가 학교에서 뭘 배우는지조차 몰랐는데, 지금은 집에서도 아이가 학교에서 어떤 학습을 하고 있는지 확인할 수 있어 안심이 된다고 했다. 뿐만 아니라 배운 내용을 물어보면 척척 답변을 하기에 어떻게 이렇게 잘 아느냐고 하니 아이가 스마트 교육 덕분이라며 으쓱해했다는 일화도 있다.

스마트 교육의 가장 중요한 핵심은 결국 소통한다는 것이다. 과거 선생님은 전통적인 교실에서 아이들이 듣든 말든 정해진 강의를 했고, 학생들은 시키지 않으면 질문하지 못했다. 그러나 스마트 교육을 통해서는 쉽게 모든 측면에서 소통할 수 있다. 교사와 학생이 같이 공부하고, 친구들끼리 탐구하며, 궁금한 것은 바로 피드백을 해 주는 것이다. 극단적으로 말하자면 단말기는 하나의 도구일 뿐, 그것이 없어도 스마트 교육은 충분히 가능하다. 대부분의 교사들이 디지털 기기를 잘 다루지 못한다며 걱정하지만, 하려는 의지만 있으면 질문 노트를 만들어 걷는 방식으로도 할 수 있다. 소통하려는 마음만 있다면 얼마든지 스마트 교육이 가능한 것이다. 일반 컴퓨터로도 할 수 있고, 집에 있는 컴퓨터로도 가능하며 심지어 종이만 있어도 충분하다. 결국 그 무엇보다도 소통하려는 의지가 중요한 것이다.

모두에게 열려 있는
온라인 수업

    스마트 교육을 통해 추진되는 온라인 수업은 크게 네 가지 모델로 구분하여 살펴볼 수 있다. 미개설 과목 온라인 수업, 집중 이수로 수업으로 인한 미이수 과목의 온라인 수업, 원격 화상 온라인 수업, 방과후 보충 심화 수업이 그것이다.

    이를 간단히 살펴보면 먼저 미개설 과목 온라인 수업은 학생들에게 다양한 교과를 자율적으로 선택할 수 있도록 하는 것이다. 특히, 고등학교에서 여건상 개설하기 힘든 선택 교과를 온라인 수업으로 개설해서 학생들이 원하는 수업을 들을 수 있도록 수업 선택권을 최대한 보장하고자 한다.

    집중 이수 수업은 교육 과정에 자율성을 부여하기 위해서 도입한 것이다. 예를 들어 예전에는 음악 과목이 중학교 1, 2, 3학년 통틀어

일주일에 한 시간씩 3년 동안 배우게 되어 있었다면, 이제는 3년에 걸쳐서 배우는 것이 아니라 1년 동안 집중적으로 배울 수 있게 한 것이다. 문제는 학기 중간에 전입학한 학생의 경우 특정 과목을 배울 기회가 제한될 수 있다는 것인데, 이렇게 온라인으로 받은 수업을 제도적으로 인정해 주면 전입학에 따른 특정 과목 미이수에 대한 우려를 해소할 수 있다. 이는 온라인을 통한 편의성이라기보다는 학습권을 보장해 준다는 점에서 중요하다.

한편 원격 화상 온라인 수업은 학생이 질병 등의 부득이한 사정으로 학교에 갈 수 없을 때 유용하게 사용될 수 있다. 정규 수업 대신 온라인 수업으로 대체함으로써 학습 공백을 최소화하는 것이다.

온라인 수업의 또 다른 형태인 방과후 보충 심화 수업은 정규 수업을 보충하고 심화 학습할 수 있도록 방과 후에 학교 혹은 가정에서 온라인 수업을 실시하여 학습을 도와주는 것이다.

예를 들어 영어 수업의 경우 외국에서 온 원어민 교사들이 시골의 외딴 학교까지 가려고 하지 않아 지방의 아이들은 소외되는 경우가 많은데, 이를 온라인 교육으로 해소할 수 있다. 뿐만 아니라 좋은 강사들을 직접 배치해 주기 어려운 곳에는 온라인 수업을 통해 양질의 학습이 이루어지도록 할 수 있다. 이렇게 해서 교육 소외 계층을 지원하고, 교육 격차를 해소하려는 것도 스마트 교육이 나아가고자 하는 중요한 방향 중 하나다.

배우고 싶은 것을 배우게 하다 - 미개설 과목 온라인 수업

온라인 수업의 첫 번째 모델은 미개설 과목 온라인 수업이다. 미개설 과목 온라인 수업은 가령, 중국어 수업을 받고 싶은 학생이 자신이 다니는 학교에 중국어 과목이 개설되어 있지 않아 수강할 수 없는 상황에서도 온라인 수업을 통해 원하는 중국어 수업을 들을 수 있는 것이다.

이는 강원도 태백에 있는 고등학교 2학년 학생인 영환이의 이야기다. 영환이는 아버지가 중국을 오가며 무역업을 하셔서 어릴 때부터 중국에 대해 관심이 많았고, 앞으로 중국 유학도 계획하고 있다. 그래서 대입 수능 외국어 영역도 중국어로 시험을 보려고 하는데, 영환이가 다니는 학교에서는 독일어만 가르친다. 예전 같았으면 영환이는 하는 수 없이 학교에서는 독일어 수업을 듣고, 중국어는 혼자 준비하는 수밖에 없다. 하지만 온라인 수업이 도입되면 영환이가 듣고 싶어 하는 중국어 수업을 원격 교육 시스템을 이용해 온라인으로 배울 수 있게 된다.

현재 강원도 교육청에서는 우수 교사가 직접 참여해, 고교 선택교과 200여 종 중 수능 관련 선택 교과 6종을 온라인 수업으로 개설하여 운영 중이다. 강원도 교육청 사례를 중심으로 미개설 과목 온라인 수업을 위해 필요한 과제를 다음과 같이 살펴볼 수 있다.

우선 가장 중요한 것은 콘텐츠일 것이다. 미개설 과목 온라인 수업은 선택 교과 중 미개설 교과에 대한 수요를 조사해서 단계적으로 적용하게 된다. 이 과정에서 중요한 것은 수요가 적더라도 학생의 학업 선택권을 최대한 보장하기 위한 콘텐츠를 확보해야 하며, 콘텐츠의 질을 높이기 위해서도 노력해야 한다. 더불어 가능하다면 모바일용 콘텐츠도 함께 개발하여 언제 어디서든 수업에 참여할 수 있는 환경을 제공해 주어야 한다. 또한 학습자 역량 수준에 따른 맞춤형 교육 프로그램을 개발하고, 필요에 따라 온라인 수업과 오프라인 평가가 결합된 수업을 실시할 수도 있을 것이다.

미국의 경우, 플로리다의 가상 학교에서는 모바일 러닝 애플리케이션을 통해 영문학, 물리학, 경제학 등 다양한 교과목에 대한 콘텐츠를 개발하여 제공하고 있다. 또한 초등학교에서 고등학교까지 이르는 다양한 통합·연계 콘텐츠를 보유하고 있으며, 기본 강의 자료 외에도 각 대학 도서관 자료, 참고 문헌 자료, 교육 기관 데이터베이스 등의 자료를 연계해서 제공하고 있다.

미개설 과목 온라인 수업에 필요한 효과적인 콘텐츠를 확보하기 위해서는 방송통신고등학교를 운영하는 KEDIKorean Educational Development Institute(한국교육개발원), 수능 동영상 서비스를 제공하는 EBS 등의 공공 기관 보유 콘텐츠를 포함하여 각 기관별로 산재된 콘텐츠를 공유하는 체계를 구축해야 한다. 이를 실천하기 위해서는 먼저 시·도 교육청, 공공 기관과 출석 인정 교과 콘텐츠 연계 체계를 구축해, 웹상에서 연계 콘텐츠 활용이 가능한 콘텐츠 데이터베이스를 구축하고 검색 서비스를 도입할 필요가 있다. 동시에 미개설 과목 온라인 수업에 활용될 콘텐츠에 대한 평가 기준을 수립해서 평가하고 관리하는 체제도 마련해야 한다.

다음으로 온라인으로 이루어지는 선택 교과 수업을 관리하기 위한 방안도 필요하다. 강원도 교육청에서는 학교별로 관리 교사와 학습을 지원하는 튜터Tutor를 지정해서 운영하고 있다. 수강생 50명당 1학급, 1튜터를 배정하는데, 온라인 학습 튜터는 개인별 상호 작용을 통한 학습 지도를 하며, 온라인 강의실 관리에서 모니터링까지 다양한 활동을 한다.

미개설 희소 선택 교과나 상치 교사(전공 과목 외에 비전공 과목까지 두 과목 이상을 가르치는 교사)에 의한 단위 학교 교실 수업을 온라인 수업으로 단계적으로 전환하는 방안도 검토할 필요가 있다. 또한 생활기록부 등 학적 관리를 포함하여 온라인 수강 안내와 수강 전 상담, 학습 결과를 관리하는 담당 관리 교사를 지정하는 방안과 함께 온라인 수업의 적정 학급 규모 설정에 대한 논의도 이루어져야 한다.

또 온라인 수업을 보다 효과적이고 효율적으로 운영하기 위해서는 관련 상세 지침을 마련해서 보급할 필요가 있다. 온라인 수업 담당 교사의 역할을 법제화한다든가, 학급당 인원 수와 교사 배정 기준을 수립하고, 선택 교과 수업 분량, 수업 이수 기준 등을 설정하는 것이다. 또한 강의실 관리 등을 통해 온라인 학습 활동을 지원하고, 평가와 통계, e-포트폴리오를 축적할 수 있는 교수 학습 관리

기능을 개선하여 확대 적용하는 것도 필요하다. 경우에 따라서는 수업 준비에서 평가에 이르기까지 교수 학습 관리 시스템을 마련하고, e-포트폴리오를 통한 이력, 성과물 관리, 평가와 통계 자료를 축적할 수 있는 체계를 마련하는 과제가 추진될 수도 있다.

마지막으로 교육 환경 측면에서 동영상 콘텐츠를 비롯한 대용량 콘텐츠 활용이 많아질 것에 대비해 그에 걸맞은 유·무선 인터넷 환경이 구축되어야 한다. 또한 효율적인 콘텐츠 연계와 지속적인 보완을 위해 국가 수준의 통합 오픈 마켓을 활용하는 것도 중요하다.

미개설 과목 온라인 수업에 관한 가상의 그림을 구체적으로 그려보면 아마 다음과 같을 것이다. 수업 전에 온라인 수업 교사는 온라인 수업을 개설하고, 수업 자료를 개발한다. 온라인 수업 튜터는 담당 학생을 확인할 것이며, 학적 관리 교사는 수강 안내를 하고 수강 신청을 승인한다. 학생은 교과목을 선택하고, 담당 튜터를 확인하며, 일정을 확인할 것이다. 그리고 온라인 수업 교실로 이동하여 교수 학습 시스템에 접속한 후 출석 체크를 하고 온라인 수업을 받는다.

수업이 시작되면 온라인 수업 튜터는 학습자별로 맞춤형 학습을 할 것이다. 온라인 동영상 강의가 방송될 것인데, 이때 온라인 수업 튜터는 출석을 관리하고, 각종 학습 활동을 지원하며, 게시판을 관리한다. 학생은 온라인 강의에 참여하고 때로는 퀴즈를 해결하며 질문을 등록할 것이다. 강의가 끝나면 담임 교사나 별도의 학적 관리 교사를 통해 평가가 이루어진다. 적정 인원을 산정할 필요가 있겠지만 예를 들어 선택 교과 학급당 한 명씩 튜터가 배정되면, 해당 튜터가 온라인 학습 활동을 지원하게 된다. 그러면 학생들은 정해진 시간에 학교 컴퓨터 또는 스마트 패드를 이용하여 온라인 학습을 할수 있다.

수업이 끝나면 온라인 수업 교사는 과제를 부여하고, 평가 문제를 출제해서 평가한다. 온라인 수업 튜터는 추후 학습 지원 활동을 하고, 학적 관리 교사는 수강, 이수 내역을 관리한다. 학생은 학습 자료를 다운로드해서 복습할 것이고, 출석, 과제 등록, Q&A, 학습 통계 정보 열람 등을 학급 SNS를 통해 해결하면서 학습 관련 정보나 자료를 공유할 수 있을 것이다.

학교를 옮겨도 문제 없이
– 집중 이수 수업으로 인한 미이수 과목의 온라인 수업

온라인 수업의 두 번째 모델은 집중 이수 수업으로, 발생할 수 있는 특정 교과목에 대한 미이수 현상의 해결을 목적으로 한다. 집중 이수 수업은 학습 효율을 위해서 특정 과목을 짧은 기간에 연달아 들을 수 있도록 교육 과정 편성을 자율화하는 것이다. 여기서 온라인 수업은 집중 이수 수업으로 생기는 중복 또는 전입생의 해당 과목 미이수 학습 관련 문제를 해결할 수 있다. 만일 1학년 때 집중 이

수 수업으로 어떤 과목을 다 이수했는데, 2학년 때 다른 학교로 전학을 갔다면 해당 학교에서 들었던 과목을 또 들을 필요 없이 온라인 수업으로 다른 과목을 들으면 되는 것이다. 이와 관련한 강원도 교육청의 사례를 소개하면 다음과 같다.

민아는 현재 강원도 영월에 있는 중학교 2학년 학생입니다. 대전의 대덕 연구 단지에 있는 한국 천문 연구원에 근무하셨던 아버지께서 얼마 전 강원도 영월의 별마로 천문대로 직장을 옮기셔서 민아도 3월에 영월로 전학을 오게 되었습니다. 작년부터 대전에서는 한 학기에 너무 많은 과목을 이수하면 학생에게 부담이 된다는 판단하에 한 학기에 공부할 수 있는 교과목을 여덟 개로 제한하고, 특정 학기에 집중적으로 특정 교과를 배울 수 있는 집중 이수제를 시행하고 있습니다. 그래서 민아는 대전에서 1학년 때 중학교 과정의 미술을 모두 배웠습니다. 그런데 영월의 학교에서는 1학년 때 모두 음악을 배우고 2학년 때는 미술을 집중 이수한다고 합니다. 민아는 똑같은 중학교 미술을 두 번 배우고 음악은 아예 배우지 못하게 되는 줄 알고 걱정했습니다. 그런데 선생님께서 이런 경우에 민아는 미술 시간에 컴퓨터실로 가서 강원도 원격 교육 시스템을 통해 온라인 수업으로 음악을 배울 수 있다는 것을 알려 주셨습니다.

집중 이수 수업의 교육 내용과 관련한 추진 방향은 집중 이수 교과에 대한 수요 조사를 기반으로 적용 대상 과목을 단계적으로 확대해서 지원하는 것이다. 이 모델은 비단 집중 이수가 아니더라도 학교를 옮기면서 발생할 수 있는 다양한 경우의 학업 공백을 해소하는 데 도움을 줄 수 있을 것이다.

집중 이수 수업의 교육 방법과 관련한 추진 방향 중 중요한 것은 집중 이수 교과를 일부 이수하지 못한 학생에 대한 개인 맞춤형 수업 과정을 운영하는 것이다. 집중 이수 수업의 수업 방식과 추진 과제는 미개설 과목 온라인 수업과 유사하다. 일부 미이수 학생을 위한 부분 수강 등의 지원 방안을 마련하고, 학습 지원 튜터의 역할을 정립한 후, 온라인 수업의 적정 학급 규모를 설정해야 한다. 교사의 역할에 대한 법제화나 학급당 인원 수, 교사 배정 기준 수립 등과 같은 부분에서도 미개설 과목 온라인 수업과 마찬가지로 온라인 수업 실시와 관련한 상세 지침을 마련하고 이를 널리 알려야 한다.

학교에 가지 못해도 – 원격 화상 온라인 수업

온라인 수업의 세 번째 모델은 원격 화상 온라인 수업으로, 부득이하게 등교하지 못한 학생이 원격 화상 수업을 통해서 수업을 받고 그것을 출석으로 인정받는 수업 모델이다. 이와 관련된 모습을 병원학교와 꿀맛무지개학교의 사례를 통해 살펴보면 다음과 같다.

예진이는 내년에 중학생이 되는 초등학교 6학년 학생입니다. 예진이는 벌써부터 중학교에 가서 친구들과 같이 공부할 생각을 하니 마음이 설레고 꿈만 같습니다. 예진이에게는 그동안 좀 특별한 일들이 있었습니다. 4학년 겨울방학 때 급성 림프구성 백혈병이라는 예기치 못한 큰 벽에 부딪쳐 현재 2년째 병원에서 생활하고 있습니다. 항암 치료로 인한 메스꺼움과 구토 그리고 합병증으로 찾아온 당뇨 등 그동안 너무나 힘겨운 하루하루를 보냈습니다. 항암 치료만큼이나 힘든 것은 재미있는 학교생활을 못하는 것과, 나중에 퇴원하고 학교로 돌아가도 또래 친구들보다 낮은 학년에서 공부를 다시 시작해야 한다는 사실이었습니다. 그런데 병원에서 꿀맛무지개학교의 원격 화상 온라인 수업을 알려 주었습니다. 병원 치료를 하면서 틈틈이 온라인 수업을 받으면 휴학을 하지 않아도 되고 나중에 학교로 돌아가도 친구들과 같은 학년에서 배울 수 있다고 합니다. 치료 때문에 정해진 시간에 실시간 화상 수업을 받지 못했을 때는 저녁에 별도로 녹화된 수업을 통해서 공부를 할 수 있었습니다. 이렇게 2년 동안 열심히 치료도 받고, 꿀맛무지개학교 원격 화상 온라인 수업을 들으며 학교 수업을 받아서 곧 퇴원하면 내년부터는 친구들과 함께 중학교에 갈 수 있게 되었습니다. 원격 화상 온라인 수업이 없었다면 또래 친구들이 중학생이 되었을 때 저는 초등학교 5학년부터 시작했어야 했는데 정말 다행입니다.

출석 인정 수업의 콘텐츠 개발과 관련한 사례를 살펴보면 이미 방송통신고등학교에서 고등학교 교육 과정 36종을 온라인으로 운영하고 있으며, 중학교 교육 과정 개발도 추진 중이다. 또한 꿀맛무지개학교는 교사가 화상 수업 콘텐츠를 준비해서 초·중·고 주요 교과에 대한 실시간 화상 강의를 제공한다.

원격 화상 온라인 수업은 정규 수업을 대체하기 때문에 전 교과에 대한 콘텐츠를 개발해야 한다는 현실적인 어려움을 갖고 있다. 물론 정책적으로 중·고등학교 교육 과정은 방송통신고등학교 콘텐츠 활용을 통해 신규 개발을 최소화할 수도 있다. 그리고 전문 교과에 대하여 지역별로 특화된 콘텐츠뿐만 아니라 화상 수업 지원용 콘텐츠와 모바일용 콘텐츠 개발도 필요하다.

원격 화상 온라인 수업의 수업 방식과 관련한 사례를 살펴보면, 방송통신고등학교에서는 온라인과 오프라인 수업을 혼합한 블렌디드 러닝Blended Learning 수업 방식을 시행하고 있다. 원격 화상 수업과 월 2회의 출석 수업, 온라인 수업 지도를 혼합하여 강의를 진행하는 것이다. 한편, 해외의 사례로 호주 시드니 원격고등학교의 경우는 학습자 선택형 자율 수업을 운영하고 있다. 여기서는 온라인 수업과 화상 수업, 오프라인 수업을 연동하여 수업을 진행하고, 희망자에 한해서 출석 수업을 하는 스터디 데이Study Day라는 제도를 운영하기도 한다.

이런 사례들은 원격 수업과 출석 수업을 병행한 교육 방법을 적용할 필요가 있음을 보여 준다. 온라인 수업을 보충하고 점검할 수 있는 오프라인 수업 운영 방식뿐만 아니라 출석이 어려운 학습자의 상황을 고려한 다양한 수업이 필요한 것이다.

원격 화상 온라인 수업의 관리 측면에서 꿀맛무지개학교에서는 화상 수업 전담 교사가 주 2회 이상 화상 수업을 운영하고 있으며, 출석 확인서를 통한 출석 인정 절차를 취하고 있다. 또한 방송통신 고등학교는 일반 고등학교와 동일한 졸업, 성적 평가 기준을 적용하고 있다.

이러한 사례를 통해 출석이 불가능한 다양한 상황에 대한 출석 인정 수업을 실시해야 하며, 평가 방식의 기준이 있어야 함을 알 수 있다. 구체적인 추진 과제는 다른 온라인 수업과 크게 다르지 않다. 온라인 수업 실시와 관련한 상세 지침을 마련해서 보급하고 원격 화상 온라인 수업 운영 기준을 설정하여, 출석 인정과 평가 방식을 법제화하는 과정이 필요하다.

가정이나 병원에서 원격 화상 온라인 수업을 하는 시나리오를 만들어 보면 다음과 같을 것이다. 수업 전 온라인 수업 교사는 학습 자료를 작성해서 업로드하고 교수 학습 시스템에 접속한다. 화상 수업 전담 교사 역시 학습 자료를 작성해서 등록하고, 화상 교육 시스템에 접속할 것이다. 그리고 필요에 따라 거점 학교에 오프라인으로 출석할 수도 있다. 학생은 교과목을 선택하고 담당 튜터와 일정을 확인한 후 교수 학습 시스템에 접속하여 출석을 인정받고, 온라인 수업을 받을 것이다.

수업이 시작되면 화상 수업 전담 교사는 실시간 화상 수업을 진행하고, 실시간 질의·응답을 받으면서 출석을 관리하고 각종 학습 활동을 지원할 것이다. 학생은 실시간 화상 수업을 받으며 실시간으로 질문을 올릴 수도 있다. 이렇게 병원에 장기 입원한 학생은 교사와 함께 원격 화상 수업에 참여하게 된다.

출석 인정 수업을 위해서는 화상 수업을 포함한 온·오프 블렌디드 수업을 지원하는 환경과 안정된 원격 화상 교육 시스템을 구축해야 한다. 그뿐 아니라 교수 학습 관리 시스템의 기능을 개선해서 확대 적용하는 것 또한 필요하다. 실제 방송통신고등학교에서는 2012년 모바일 기기 시범 운영을 진행하고 있다. 꿀맛무지개학교는 데스크톱, 화상 카메라, 헤드셋을 활용한 양방향 화상 강의를 진행하고 있으며, 호주 시드니 원격고등학교는 원격 화상 수업 단말기, 전자 칠판을 활용한 온라인 수업을 진행하고 있다.

학원보다 더 다양한 수업 기회를 – 방과후 보충 심화 수업

온라인 수업의 마지막 네 번째 모델은 방과후 보충 심화 수업이다. 방과후 보충 심화 수업은 정규 수업이 끝난 후 개인 적성과 관련된 다양한 수업 혹은 심화 학습을 받고 싶은 학생들이 학원에 가지 않고도 제도권 교육 내에서 보충 학습을 받을 수 있도록 만든 수업 모델이다. 전국 시·도 교육청에서 운영하고 있는 사이버가정학습이 좋은 사례다.

동수는 화당초등학교 6학년 학생입니다. 화당초등학교는 충북 제천시 백운면 화당리에 있는 산골 초등학교입니다. 학교 밖에는 온통 과수원과 논밭뿐, 구멍가게나 문구점 하나 없는 외딴 시골입니다. 2년 전 아버지께서 갑작스럽게 교통사고로 돌아가시고, 서울에서 어렵게 식당 일을 하게 된 어머니께서는 동수를 시골 할머니 댁에 부탁했습니다. 서울에서는 학교 수업을 마치면 친구들과 영어 학원도 다니고, 태권도 도장도 다니고, 주말이면 수학 과외 선생님이 집으로 오셔서 개인 지도도 해 주셨는데 이곳 제천에서 동수는 방과 후에 도대체 무엇을 해야 할지 고민이었습니다. 그런데 괜한 고민이었음을 바로 알게 되었습니다. 동수네 학교에서는 담임선생님이 사이버가정학습을 통해 사이버 학급을 만들고, 그곳에서 직접 방과후 수업을 지도해 주는 보충·심화 온라인 학습을 하고 있었습니다. 기초 공부가 다소 부족한 학생에게는 학교 공부를 보충할 수 있는 학습 자료를 제공해 주고, 학교 공부를 잘 따르는 우수한 학생에게는 그 학생의 수준에 맞는 심화 학습 자료를 제공하여 마치 과외 선생님에게 개인 지도를 받는 것처럼 온라인으로 맞춤형 방과후 수업을 하고 있었습니다. 동수네 학교는 비록 산골 학교지만 전원 학교로 선정되어 컴퓨터실의 컴퓨터도 학생 수보다 많고 인터넷 속도도 빨라, 온라인으로 사이버가정학습에 접속해서 방과후 수업을 받기도 아주 수월하답니다. 그래서 동수는 매일매일 친구들과 방과 후에 컴퓨터실에서 사이버가정학습으로 방과후 온라인 수업을 받고, 오후 4시에 출발하는 스쿨버스를 타고 안전하게 할머니 댁으로 돌아갑니다. 이런 동수네 학교는 전국에서도 사교육 없이 공부를 잘하기로 유명한 학교입니다.

방과후 보충 심화 수업을 위해서는 먼저 방과후 학습을 지원할 수 있는 다양한 보충·심화 자료가 확보되어야 한다. 방과후 보충 심화 수업의 대표적 사례인 사이버가정학습은 초등학교 4학년에서 중학교에 이르는 주요 교과에 대해서 방과후 학습 콘텐츠를 제공하고 있다. 해외의 사례로 캐나다 브리티시 콜롬비아 주에서는 57개 학교에서 2500개 이상의 유관 기관이 온·오프라인 콘텐츠를 개발하여 12개 항목별 101개의 온라인 교과 과정을 제공하고 있기도 하다.

교육 방법의 측면에서 방과후 보충 심화 수업은 학습자의 상황과 여건에 따라 수업의 유형을 선택할 수 있는 다양한 서비스의 도입이 필요하다. 사이버가정학습에서는 담임형과 비담임형으로 구분하여 수업의 형태를 다양화하고 있다. 담임형은 교사가 주도하여 수업을 운영하며, 비담임형은 학습자의 자기 주도적 개별 학습으로 운영되고 있다. 이와 같은 형태의 수업이 성공적으로 운영되기 위해서는 학습자에 따라서 자율적으로 수업을 운영하는 유형을 선택할 수 있어야 하며, 학습자의 자기 주도적 학습, 토론 학습 체제가 구축되어야 한다.

관련 사례로 캐나다 브리티시 콜롬비아 주에서는 학생들의 강좌 선택권을 최대한 보장하고 있다. 학생들은 강좌를 검색해서 여러 강좌를 비교한 후 자신에게 가장 적합한 강좌를 선택할 수 있다. 또 플로리다 가상 학교에서는 학교 내 카운슬러가 학생이 처한 상황, 능력에 맞는 맞춤 커리큘럼을 제공한다. 또한 Activity Tracker LMS를 활용하여 교사와 학생 간의 의사소통을 위한 가상공간을 제공하기도 한다.

이와 같은 해외 사례들을 통해 학생들 스스로 자신에게 맞는 교육과정을 비교해서 선택할 수 있는 서비스의 구축과 온라인 수업을 지원할 수 있는 담당 카운슬러의 필요성도 엿볼 수 있다.

또한 경우에 따라서는 수업 운영 중 학생들의 모든 활동을 관리할 수 있는 LMS 시스템이 필요할 수도 있다. 학생들 스스로 자신에게 맞는 교과목을 선택해서 자율적 학습이 가능하도록 운영 모델을 정립하고, 방과후 보충 심화 수업을 지원해 줄 온라인 튜터도 있어야 한다.

또한 사이버가정학습과 같은 방과후 온라인 보충 수업이 보다 활성화되기 위해서는 효과적인 수업을 위한 체계적인 서비스가 마련되어야 한다. 더불어 다양한 콘텐츠의 통합 연계를 통해 학습자에게 양질의 온라인 보충 학습을 제공하기 위한 노력이 지속적으로 이뤄져야 한다. 이를 위해 시·도 교육청과 학교에서 다양한 시도를 거쳐 체계적인 스마트 교육을 만들어 나갈 수 있을 것이다.

열린 공간, 자유로운 선택
– 사이버가정학습

어느 날 나는 신기한 경험을 했다. 저녁을 먹자마자 7시쯤 아이가 컴퓨터 모니터를 뚫어져라 보고 있었다. 아이는 기대에 찬 표정으로 무언가를 열심히 기다리는 것 같았다. 당연히 친구와 채팅하려고 앉아 있는 줄 알았는데 한 시간쯤 흐른 뒤, 아이가 갑자기 흥분된 목소리로 나를 불렀다.

"엄마! 담임선생님이 컴퓨터에 나와요!"

무슨 말인가 싶어 아이의 방에 가 보니 놀라운 광경이 눈앞에 펼쳐져 있었다. 아이가 보고 있는 화면은 열 개가 넘는 화면으로 나눠져 있었고, 칸마다 아이들의 얼굴이 떠 있었으며, 중앙에는 아이의 담임선생님 얼굴이 나오고 있었다.

"이게 뭐니?"

"화상 수업이에요. 우리 담임선생님이 직접 가르쳐 주시는 거예요."

나는 벌어진 입을 다물 수가 없었다. 세상이 이렇게 좋아졌다니

우리 때에는 꿈도 못 꾸던 일이었다. 학교에 가지 않고도 선생님의 얼굴을 보며 수업을 듣고, 궁금한 점을 질문하고, 발표까지 할 수 있다니. 이 신기한 광경에 나뿐만 아니라 아이 역시 흥분하고 있었다.

내가 대전 사이버가정학습 사이트에 가장 감사하고 있는 부분이 바로 담임선생님과의 화상 수업이다. 사이버 학습이라고 하면 보통 컴퓨터상에 각 단원의 학습 내용과 함께 문제가 출제되어 있고, 자신이 원하는 과목을 선택해서 강좌를 듣고 문제를 푸는 것이 전부라고 생각한다. 나 역시 그랬고, 아이가 원하는 시간에 원하는 부분만 집중적으로 학습하는 것은 좋지만, 온라인이라는 제한적 공간에 한계를 느끼고 있는 터였다.

아무리 학습 내용이 좋고 핵심 정리가 잘 되어 있고 문제의 수준이 적당하더라도, 직접 선생님을 마주 대하고 공부하는 것과는 다르다. 능률이 오를 때는 문제가 없지만, 피곤하거나 공부하기 싫을 때는 집중력이 떨어지기 때문이다.

그러나 화상 수업은 다른 선생님도 아닌, 매일같이 학교에서 마주 대하는 친근한 담임선생님이 아이의 책상 바로 앞 컴퓨터 화면 속에 나타나서 수업을 해 주기 때문에 현장감이 살아난다.

아이도 처음 겪는 신기한 체험에 마냥 들뜬 표정이었다. 선생님은 차분하게 그날의 수업 진도를 진행했으며, 일방적 문제 풀이식이 아니라 중간에 아이들에게 질문을 던지며 발표도 시켰다. 선생님의 말씀을 스펀지처럼 빨아들여 아이의 집중력은 놀라울 정도로 높아졌다. 이러한 수업이 매주 한 번씩 꼬박꼬박 진행되었다.

이 수업을 통해 가장 좋았던 점은, 사이버가정학습에 대한 아이의 관심도가 더욱 높아졌다는 것이다. 또한 사이버 수업 시간에는 선생님의 질문에 먼저 답하기 위한 예습이 이루어지고, 남보다 먼저 발표를 하는 등의 과정을 통해 아이의 발표력도 많이 향상되었다.

우리 딸아이는 전 과목 학업이 우수한 편이다. 그런데 사회 과목만큼은 좀 어려워한다. 수학과 영어는 학원에 보낼 수 있지만, 사회 과목만 따로 과외를 시킬 수도 없는 노릇이었다. 그런데 마침 대전사이버가정학습에서는 사회와 과학 과목을 단원별로 강좌하고 있었다. 일주일에 한 번은 한 시간씩 담임선생님이 직접 화상을 통해 보충 수업까지 해 주었다. 물론 화상으로 한 반의 모든 학생에게 강의를 하는 것은 현실적으로 불가능하기 때문에, 한 반의 서른세 명 중 열 명 정도의 학생만 신청을 받아 화상 강의를 해 준다. 이 화상 강의에 우리 아이가 참여하게 된 것은 정말 행운이었다. 이 수업을 통해 사회, 과학 과목을 학습하면서 아이는 달라지기 시작했다. 그토록 힘들어하던 사회 과목에 점점 자신감을 갖게 된 것이다.

전에는 아이가 방과 후나 학원에서 돌아온 후에 집에서 공부해야 할 분량을 일일이 확인해 주어야 했다. 각 과목의 진도가 어디까지 나갔는지, 어느 부분이 이해가 안 가는지도 체크해야 했다. 그뿐 아니라 부족한 부분에 대한 확인과 보충 학습 분량, 하루에 풀어야 할 문제집 양을 정해 주는 것 또한 나의 몫이었다. 그러나 사이버가정학습을 시작한 이후로 나는 이 모든 의무에서 해방될 수 있었다.

아이는 이제 매일 30분씩 스스로 사이버가정학습 사이트에 접속한다. 그래서 나는 아이에게 굳이 시간을 정해 주지 않고, 하고 싶은 시간에 사이버 학습을 할 수 있도록 배려해 주고 있다. 그러자 아이는 오히려 자신의 일을 스스로 알아서 하는 모습을 보였다. 스스로 원해서 시작한 공부인 만큼 엄마의 잔소리가 없어도 알아서 해 나가는 책임감이 생긴 것이다. 고학년으로 접어들수록 혼자 알아서 공부해야 하는 습관을 들여야 하기에, 4학년인 우리 딸에게는 참으로 시기적절한 선택이었다고 생각한다.

아무리 어른스러운 아이라 하더라도 공부를 하다가 막히는 부분이 있으면 당황하게 마련이다. 그때 바로바로 속 시원한 해결책을 제시해 주는 자상한 선생님이 옆에 있으면 다행이지만, 그렇지 못한 경우에는 학교에 가서 그 과목 시간에 선생님께 여쭤 보거나, 아니면 학원에서 선생님께 질문할 시간을 기다려야 한다.

이는 기다림에 익숙하지 않은 요즘 아이들에게는 여간 번거로운 과정이 아닐 수 없다. 그러나 사이버가정학습을 접하면서부터는 이 부분에 대한 갈증이 많이 해소되었다. 모르는 문제가 있으면 잘 설명된 해설을 참고하거나, 그래도 모르는 부분이 있으면 화상 강의 시간에 질문할 수 있다. 부족한 부분에 대해 상담을 요청하면, 담임선생님께서는 공부 방법을 자세히 제시해 주셨다. 매일매일 아이가 해야 할 공부의 양을 체크해 주는 것은 물론, 집중적으로 공략해야 할 학습 전략까지도 가르쳐 주었다. 실력 향상을 위해 취약한 과목을 중심으로 학습 계획까지 짜 주니 혼자서도 그 계획에 따라 공부하는 습관을 갖게 되었다.

이렇게 사이버가정학습에서 체계적으로 지원해 주니 아이는 취약 과목에 대한 두려움이 점점 사라졌다. 모르는 부분이 있어도 언제든 해결이 가능하니 진도도 빠르게 나가고, 그만큼 자신감도 가졌다. 공부에 관해서만큼은 수동적이었던 아이가 '해서 안 되는 공부는 없다'는 긍정적인 자세로 공부하는 모습을 보니 사이버가정학습을 시작하길 잘했다는 생각에 뿌듯해졌다.

[출처 : 사이버가정학습 우수사례집 제6호(2010, 교육과학기술부)]

스마트 교육이 만드는 미래

세상은 늘 변해 왔고, 교육도 그에 맞춰서 변했다. 때로는 세상이 교육을 변화시켰고, 때로는 교육이 세상의 변화를 이끌었다. 문명의 발전, 기술의 발달로 보다 많은 사람들이 생활 영역을 넓혀 가면서 세계화가 진행되고 있다. 교육 역시 세계화의 흐름에 일조했으며, 지금 이 순간에도 끊임없이 발전하고 있다.

그중에서도 정보 통신 기술의 발전은 인류 역사에 새로운 지평을 열었다. 디지털 기기를 바탕으로 한 소통 기술의 발전은 불의 발견, 문자의 발명만큼이나 인류에게 혁신적인 변화를 가져다주고 있기 때문이다. 마치 약 500년 전 우리나라에서 한글이 발명되어 문맹을 퇴치하고 지금은 세계에서 가장 교육열이 높은 나라가 되었듯이, 웹과 스마트폰을 이용해서 소통하는 기술은 인간의 삶을 송두리째 바꿔 놓고 있다.

이러한 정보 통신 기술, 소통하는 기술의 발전은 교육에 있어서 우리 아이들이 읽고 쓰고 셈하는 기본적인 소양을 넘어 창의성, 비판적 사고, 협업 능력, 의사소통 능력을 기를 수 있게 했다. 따라서 교육에 이러한 기술을 반드시 활용해야 하며, 이는 다가올 미래 교육의 가장 중요한 핵심으로 자리 잡을 것이다. 디지털 기술이 학교와 학교, 학교와 놀이, 학교와 사회의 경계를 무너뜨려 우리 아이들에게 21세기 인재가 되기 위한 필수적인 역량을 갖추게 만들기 때문이다. 이렇게 새로운 교육의 장에 학생은 물론이고 교사와 일반인들이 모두 소통의 기술로 연결되면, 결국에는 전 세계가 하나의 학교가 되어 행복한 교육을 할 수 있는 시대가 펼쳐질 것이다.

스마트 교육에 대한 이 책의 내용은 어떤 면에서 교육을 넘어 우리 사회 전반에 대한 이야기다. 스마트폰과 같은 디지털 기기를 활용해 보면 알겠지만 유용한 애플리케이션이나 디지털 기기는 외면할 수가 없다.

예를 들어 명함을 관리하는 툴은 굉장히 편리하다. 무거운 명함첩을 가지고 다니거나 일일이 손으로 입력하지 않아도, 이 툴로 한 번 스캔하기만 하면 스마트폰에서 주소록처럼 관리할 수 있기 때문이다. 이렇게 사회가 점점 디지털화되어 가면서 사람들은 자신도 모르는 사이에 그에 익숙해지고 있다.

점차 지식 정보 산업의 시대가 되고 정보 통신 기술이 발전하면서 개인이 애플리케이션이나 소프트웨어를 만드는 콘텐츠 개발자로 활약하는 등 새로운 직업군들도 많이 생겨날 것이다. 국가적으로도 소프트웨어 개발 관련 산업은 성장시키고자 하는 분야이고, 대표적으로 디지털 교과서와 관련된 산업 분야도 확대될 것이다.

실제로 기존의 오프라인 출판 업체들은 현재 온라인 콘텐츠 개발로 많이 선회하고 있다. 그리고 이러한 디지털 콘텐츠 분야는 1인 체제로도 충분히 성공할 수 있는 분야이므로 기업과 연계하거나 혹은 독자적으로 활동하면서 산업 전체를 발전시킬 수 있을 것이다.

콘텐츠 오픈 마켓도 하나의 단적인 예가 될 수 있다. 양질의 교육 콘텐츠가 오픈 마켓에 등록되면 교사들이 이를 구매할 것이고, 학교나 기관에서는 그에 따른 비용을 지원해 줄 것이다. 그러면 오픈 마켓에 일반 업체 혹은 콘텐츠 개발자가 다양한 교육 콘텐츠를 지속적으로 생산해서 공급하는 하나의 체계가 만들어지면서 나아가 하나의 산업군으로까지 발전하게 될 것이다. 이렇게 우리도 모르는 사이에 조금씩 지식 정보 산업의 시대가 심화되고 있기 때문에, 이 시대에 뒤처지지 않는 인재, 이와 관련한 직업군을 창출할 수 있는 인재를 길러 내야 한다.

예를 들자면, 선린인터넷상업고등학교는 과거에 실업계에 속했던 선린상업고등학교였다. 이 실업계 고등학교가 인터넷 고등학교로 거듭나면서 학생들이 직접 만든 수많은 벤처 기업이 생겨났다. 학교장의 주도하에 육성된 이 벤처 기업을 통해서 유망한 사업가들이 많이 배출되고 있다. 대학에 꼭 진학하지 않더라도 충분히 경제 활동을 할 수 있고 새로운 산업을 이끌어 나갈 수 있는 선도적이고 유능한 인재들이 길러지고 있는 것이다.

이것이 우리 주변에서 생생하게 일어나고 있는 교육계의 변화다. 정보 통신 기술의 발전이 교육 현장을 실질적으로 변화시키고 있는 것이다. 이런 시점에서 아이들에게 기존의 전통적인 방식대로 공부하도록 강요하면서 정해진 틀에 가둬서는 안 된다. 새로운 세대의 아이들에게는 새로운 교육의 기회를 주어야 하고, 그것이 우리 사회의 미래를 위해서도 바람직한 일이다.

그렇기 때문에 스마트 교육은 비록 지금은 미미한 시작일지라도 굉장히 중요한 출발점이 될 것이다. 앞으로 사회가 바뀌고 살아가는 방법도 바뀔 것이다. 그에 맞춰서 우리 아이들도 분명히 바뀌어야 하고, 그렇게 되기 위해서는 학교가 먼저 바뀌어야 한다. 공교육이 시작된 지 100년이 넘게 흐른 시점에서 우리 학교가 어떻게 바뀌느냐에 따라, 우리나라가 선진국으로 도약할지 아니면 다시 후진국으로 뒤처질지가 결정될 수 있는 것이다.

『백범일지』의 마지막 부분에는 김구 선생이 우리나라가 문화 강국이 되었으면 좋겠다고 언급한 부분이 있다. 그런 엄혹한 시대에도 김구 선생은 문화가 얼마나 중요한지 절실하게 알고 있었던 것이다.

우리나라가 경제적으로 안정된 모습을 보이자, 외국에서 한류 열풍이 불면서 K-pop이 전 세계적으로 인기를 끌고 있다. 우리의 문화적 역량이 그만큼 대단하다는 것이다. 미국의 경우에는 선진국이고 경제적으로 우리보다 훨씬 풍요롭지만, 지나치게 개인적이고 물질 만능 주의적인 풍토가 만연하여 각종 정신 질환과 사회적인 병리 현상으로 괴로워하고 있다. 이것만 보더라도 우리나라가 선진국으로 도약하는 것만큼이나 우리만의 아름다운 문화의 힘을 기르는 것이 중요함을 알 수 있다. 앞으로는 이런 아름다운 문화를 가진 국가가 강대국이 되는 시대가 올 것이다.

우리 아이들은 이러한 변화에 발맞춰 나아가고 있는데, 제도나 정책이 이를 뒷받침하지 못한다면 아이들의 미래는 더 이상 장담할 수 없다. 또한 교육 현장의 일선 교사들과 학부모들의 인식 전환이 그에 못 미쳐서 아이들이 미래형 인재로 자라나는 것을 가로막는다면 우리 사회의 미래 역시 어두울 것이다.

그러한 것들을 바꿔 보자는 다짐에서 시작한 것이 바로 스마트 교육이다. 수년 전부터 시범학교를 운영하고 자료를 축적하면서 새로운 방식, 새로운 모델들이 개발되고 있다. 아이들과 소통하고 그들과 눈높이를 맞추고자 허리를 숙이는 선생님들 또한 많아지고 있다. 스마트 교육 정책은 기초는 정부가 만들었으나 현장과의 끊임없는 소통으로 과제의 방향과 전략을 바꾸고 있다. 많은 사람들이 이제 기술이 교육에 가져온 변화에 주목하고 있다. 우리는 소통하기 시작했다. 이것이 스마트 교육이 가져온 첫 변화이며, 그 변화는 이 시대의 아이들로부터, 스마트 교육의 첫 수혜자들로부터 더욱 커질 것이다.

KI신서 4028

스마트 교육 혁명

1판 1쇄 발행 2012년 8월 28일
1판 6쇄 발행 2015년 1월 5일

지은이 천세영·김진숙·계보경·정순원·정광훈
펴낸이 김영곤 **펴낸곳** (주)북이십일 21세기북스
부사장 임병주 **이사** 이유남
책임편집 윤지영 **디자인 표지** 김수아 **본문** 네오북
영업본부장 안형태 **영업** 권장규 정병철
마케팅본부장 이희정 **마케팅** 민안기 김홍선 김한성 강서영 최소라
출판등록 2000년 5월 6일 제10-1965호
주소 (우 413-120) 경기도 파주시 문발동 회동길 201
대표전화 031-955-2100 **팩스** 031-955-2151 **이메일** book21@book21.co.kr
홈페이지 www.book21.com **트위터** @21cbook **블로그** b.book21.com **페이스북** facebook.com/21cbooks

ISBN 978-89-509-3878-9 03370
책값은 뒤표지에 있습니다.